建构催眠手法研究

张伟诗　著

中国人民公安大学出版社
·北　京·

图书在版编目（CIP）数据
建构催眠手法研究/张伟诗著．—北京：中国人民公安大学出版社，2020.11
ISBN 978-7-5653-4123-6
Ⅰ．①建…　Ⅱ．①张…　Ⅲ．①催眠术—研究　Ⅳ．①B841.4
中国版本图书馆 CIP 数据核字（2020）第 221286 号

建构催眠手法研究

张伟诗　著

出版发行：中国人民公安大学出版社
地　　址：北京市西城区木樨地南里
邮政编码：100038
经　　销：新华书店
印　　刷：北京市科星印刷有限责任公司

版　　次：2020 年 11 月第 1 版
印　　次：2020 年 11 月第 1 次
印　　张：11.25
开　　本：787 毫米×1092 毫米　1/16
字　　数：195 千字

书　　号：ISBN 978-7-5653-4123-6
定　　价：48.00 元

网　　址：www.cppsup.com.cn　www.porclub.com.cn
电子邮箱：zbs@cppsup.com　zbs@cppsu.edu.cn

营销中心电话：010-83903991
读者服务部电话（门市）：010-83903257
警官读者俱乐部电话（网购、邮购）：010-83901775
公安业务分社电话：010-83905672

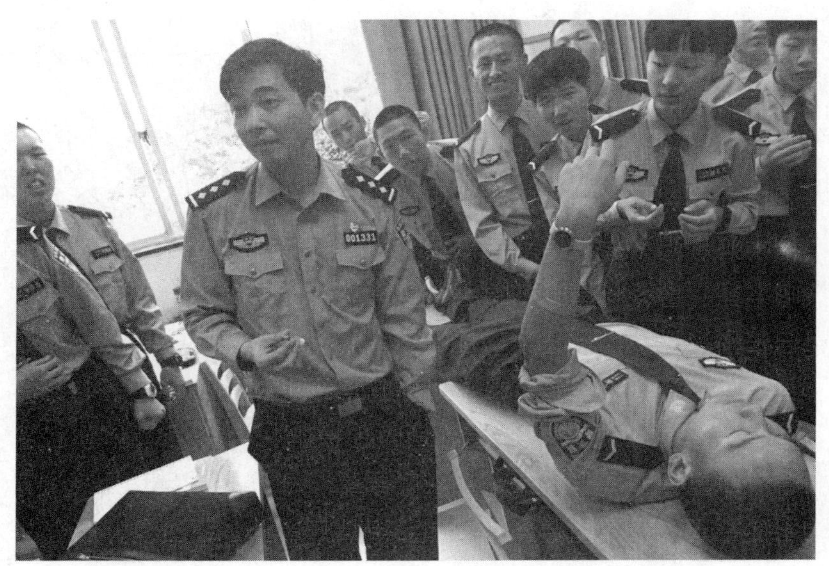

建构催眠之麻醉演示与讲解（一）。图中学生厌恶、愤怒、惊讶、恐惧和微笑等多种表情，代表历史上社会大众对催眠的多种态度

躺下时的第一感觉是有点凉，但我不在乎，还是闭着眼躺着，放松自在。眼前的光很柔和。我知道我躺在了讲台上，而过了会儿大家都睁眼了，传来窸窣的讨论声。平时一站在讲台上，看着那么多人注视着我，我会不知所措，心跳加速，可现在我完全不在乎那些，也懒得去调整那好像极不雅的姿势。有那么一段时间感觉手脚的神经和大脑断开了连接，没有任何感觉。

记得中途睁开过眼睛，转头看了一眼对我笑的同学，像平时遇到这样的目光对视，我会笑，但现在我笑不出来，甚至内心毫无波澜，感觉什么七情六欲都不在了，但意识还在。

躺在讲台上睁眼后仿佛有一种看淡凡尘的感觉，对身边的声、形、色毫无感觉。然后我转正头看着正上方，心里想着各种各样杂七杂八的事情，但此时我感觉自己无比放松，根本不想起来。我眼睛看着上方，但没有盯

来自上图中催眠麻醉体验者唐宇航的催眠体验报告

建构催眠之麻醉演示与讲解（二）

在全国新任公安局长班上授课

前 言

我曾在《催眠理论与实践》（2018）的序言中自言自语道：

“几千年来，催眠作为一种较为常见但又特殊、极为重要且似神秘的现象，吸引众多顶级科学家的关注……他们及以他们为代表的科学家团队的努力，一方面说明，催眠受到主流的重视和认可，另一方面也说明，催眠发生机制的复杂，尽管其基本操作并不具同等难度。”

如今，这个观点依然没变，即：催眠现象依然广受关注，催眠机制依然复杂。但是，催眠发生似乎却变得轻而易举。

这是一种十分有趣的存在，看似矛盾，实则有序。

有序的滥觞在布雷德（第 1 章）那里。

布雷德是一个智慧而温和的人，锲而不舍，孜孜不倦。正是这种性格在很大程度上造就科学催眠创始人是他，而非同时期的麦斯麦（第 11 章）或拉封丹（第 1 章）。麦斯麦咄咄逼人，拉封丹长袖善舞，虽然一时都收获关注，但实质上带来更多阻滞，特别是在巫术与催眠交织不清的特殊年代里。更为重要的是，在催眠发生的技术路径上，布雷德更多从医学角度展开验证，而麦斯麦与拉封丹更多从超自然角度进行炫耀。所以，他们彼此从一开始就注定分道扬镳。

麦斯麦与拉封丹炫耀的麦斯麦术，乃麦斯麦所倡导，可视为巫术催眠代表，也可视为科学催眠前身，指代催眠是一种宇宙磁流的穿透及其在人体内的平衡再分配。这一观点提出后因“疗效显著”而迅速风靡欧洲，更要命的是，这种疗效在麦斯麦本人手里可重复验证，在世界各地高级别人物手里也可重复验证。

麦斯麦由此瞥见人心秘密和人间疯狂，也从此真诚地献身于此，直至死去的最后一刻。研究者如果细品那段历史，便会发现麦斯麦的这种真诚，实属褒义。当然，也有可能他从蜂拥而来的疯狂人们那里瞥见真正起疗效的是类睡眠或暗示，而非磁流，但他在公开场合几乎从不提及此。这一不符合他的性格，二不符合他意欲创造奇迹的逻辑。或者说，即便存在，也有可能被麦斯麦有意忽视。

然而，布雷德却在某次麦斯麦术表演中猛然发现，并非磁流而是集中注意力的凝视促使催眠发生，这便是凝视催眠的核心要点。这一观点的提出，宣告以麦斯麦术为代表的巫术催眠的终结，也宣告科学催眠的开始。

虽然麦斯麦及麦斯麦术从此逐渐淡出人们的视线，但有意思的是，如果拿这位在情感层面更丰沛、在经历方面更曲折、在个性方面更锐利、在精神层面更富足的人物与布雷德相比较的话，毫无疑问，我们将看到这样一个有趣的结果：在科学催眠层面，布雷德作为创始人几无争议，但在艺术催眠层面，麦斯麦无与伦比、无可争锋，且很有可能后无来者，他的手法较简单，且可复制性较强。与之形成鲜明对比的是 100 年后米尔顿·艾瑞克森（第 6 章、第 7 章）复杂而更有效的催眠手法。

这样的结果，一小部分归之于个人努力，一大部分归之于时代推动：麦斯麦本人深处启蒙运动的滚滚浪潮之中，由麦斯麦术衍生出来的麦斯麦运动和麦斯麦主义与法国启蒙运动的终结存在某种千丝万缕的联系。

但是，布雷德的催眠观点也在不断完善。在生命后期，他逐渐由原来的凝视观点转向暗示观点，即凝视有助于催眠，但没有凝视亦可激发催眠，或者说，与凝视相比较，暗示对催眠发生的作用更大。坚持这一观点的还有后来被人们亲切称呼为“印度之子”的法利亚（第 3 章）。但法利亚的影响太弱，最终将催眠之暗示观点发扬光大的是法国的南锡学派。

南锡学派创始人李厄保（第 3 章）和南锡学派领导者伯恩海姆（第 3 章）在与以沙可为代表的巴黎学派的学术争论中，为暗示催眠研究赢得世界声誉。其时，耀眼的沙可在神经病学领域早已声名远播，沙门学生遍布法国乃至世界，巴黎学派在气势上完全压过南锡学派，更为重要的是，作为一名科学家，沙可从自己独立的医学实践中发现催眠与歇斯底里存在高相关，之后将之等同于歇斯底里，并在伯恩海姆发声之前将这一病态观点公诸于众。所以，在首届巴黎国际催眠会议尚未召开之前，这两个学派学者早已摩拳擦掌针锋相对。最终在巴黎催眠会议上，伯恩海姆的暗示催眠观点击败沙可的病态催眠观点，获得来自世界各地顶级心理学家的一致认可。由此，沙可及其病态催眠观点暂时淡出催眠历史舞台。

在此之后，与暗示观点紧密相关的睡眠观点，再次吸引全世界的目光，缔造者是伟大的生理心理学家巴甫洛夫（第 2 章）。事实上，在早期的巫术催眠中，在布雷德的凝视催眠和南锡学派的暗示催眠中，甚至在巴黎学派的病态催眠中，也都包含着睡眠成分，只不过研究者似乎较少单纯从这一角度进行深入观察和论证，或者说，催眠之睡眠表象被人们熟视无睹。而痴迷催眠的巴甫洛夫却十分彻底，其 30 多年的实验研究为催眠带来唯物主义解读，认为催眠是一种特殊睡眠，表现为大脑皮层不同程度和不同部位的抑制。由于巴甫洛夫严谨的实验论证及其强大的世界影响力，睡眠催眠之说继续为催眠远离麦斯麦术之磁流影响作出莫大贡献，并且深刻影响一大批后来者，特别是远在大洋彼岸的赫尔与希尔加德（第 4 章）两位院士，以及未获得博士学位的艾瑞克森等人。

写到这里，我们需要暂停一下，因为“催眠是什么”这个问题早已困扰研究者多年，以至于在纷纷扰扰的争议中从未有哪个催眠定义获得一致认可，不论对方对待催眠如何严谨，也不论对方表达催眠如何艺术，更不论对方因为催眠如何出名。

那么，催眠定义为何如此重要?

本书作者认为催眠定义是催眠研究的焦点，是催眠手法的核心，也是本书 13 个章节串连在一起的针线。也就是说，如果研究者对催眠定义理解错误，那么，其催眠手法可能出现偏差乃至错误，比如沙可的病态催眠手法，反过来，如果研究者对催眠定义理解正确（至少接近正确），那么，其催眠手法将带来积极而深刻的影响。比如，布雷德催眠思想重要继承者李厄保强调催眠是一种睡眠，那么由此衍生出来的催眠技术便表现为将催眠导向睡眠并因此治好诸多无钱看病的人，而李厄保的学生伯恩海姆则强调催眠是一种暗示，于是将催眠引向暗示，如此一来，被催眠者是睡是眠都不重要，因为在（类）睡眠状态下可给予暗示，在清醒状态下也可给予暗示，而在医院里进行的暗示总是比在医院外面进行的暗示疗效更好。同理，巴甫洛夫强调催眠是一种特殊睡眠，因此我们看到即便语言不通，但直接刺激脑皮层也能在狗身上制造明显的催眠效果。

相反，如果没有清晰的催眠定义，研究者最后很有可能与伯恩海姆一样，由最初崇尚催眠，到中期强调暗示，乃至最后否认催眠。从学术角度看，这或许存在偏好等差异，但从研究对象看，毫无疑问，伯恩海姆的研究对象发生变化，这也是伯恩海姆最后转向心理疗法同时否认催眠疗法的重要原因。因此，今天的我们并不能因为伯恩海姆表面上对催眠的否定、实质上因研究对象转变而跟着否认催眠，否则也将成为那位站在“沙可式的伯恩海姆”对面的老伯恩海姆了。

伯恩海姆时代之后，让内和弗洛伊德关于催眠的研究备受关注，但弗洛伊德浅尝辄止且误解催眠，因此，让内（第4章）独扛大旗。

带着神经质的让内在长期枯燥而孤独的催眠治疗中，比同时代诸多研究者更加接近催眠之光，之后提出催眠之解离观点，认为催眠是一种解离，可用自动书写、自我暗示等技术给予验证。这一初始解离思想被希尔加德继承下来，并在实验室里得到进一步论证。希尔加德因此提出以隐秘观察者等为代表的催眠之新解离观点，认为解离并非病态或分裂，而是积极的，可恢复正常的，并具有极大潜能激发空间。在这一核心观点上，他与好友艾瑞克森的观点一致，也就是说，日常生活中到处存在解离现象。从这个角度而言，希尔加德可归之于解离催眠学派。艾瑞克森也似乎可归之于解离催眠学派。但是这种简单划分并不完全适合艾瑞克森，因为他的催眠手法博大精深，用“艾氏催眠手法”给予概括或较为合适。

本书作者认为，站在希尔加德和艾瑞克森等巨人肩膀上来看待“催眠是什么”这件事情，或可转换思路，即将催眠分为科学催眠与艺术催眠两部分（研究者可参阅本书作者其他催眠作品，对此有专门阐述）。因此，艾瑞克森博大精深的催眠手法大致可认为是基于科学的艺术催眠，即艾瑞克森在催眠应用或催眠影响方面，总带着令人赏心悦目的艺术演绎成分，而且这种艺术演绎基本精准而有效。遗憾的是，历史上很多研究者要么专注于科学催眠，成为科普催眠推动者，难以将催眠纵深推进，要么专注于艺术催眠，不入临床催眠与实验催眠主流。

这也是艾瑞克森至今难以被超越的重要原因之一。

重要原因之二乃是“催眠术”从艾瑞克森这里开始真正意义上变成“催眠”，虽然只少了一个字，但却有重大意义：它象征催眠不仅是一种治疗工具，更是一种智慧态度，甚至亟待哲学解读。

回到解离催眠。从历史发展脉络看，解离观点浓缩了凝视观点、睡眠观点和暗示观点等优势，即在凝视状态下或睡眠状态下，被催眠者的意识层面可发生解离，同样，无论是清醒暗示还是恍惚暗示中，解离也容易被激发。甚至，后来的隐喻催眠和混乱催眠等，也常伴解离。

因此，解离催眠可谓是催眠发展史上的一座高峰。但是，研究者不要忘记，解离催眠或为猜测，而非定论，因为不同研究者重复希尔加德等人的解离实验，虽然也能获得类似结果，但他们对该过程、结果的解释及归因往往不同于希尔加德。

这正是过程论者（或称社会认知学派）对以解离观点为代表的状态论者的最大挑战。出乎意料的是，相当多的研究者对此并不持否定态度。

所以，回答“催眠是什么”的历史车轮行进到了19世纪末至20世纪中叶——催眠大师辈出的年代。

这些大师包括艾瑞克森、艾尔曼、赫尔、希尔加德、奥恩、西恩、萨宾、巴伯、汤普森、吉利根、西格、海利、班德勒（第8章）、格林德（第8章）以及罗西等人（本书作者在其他作品中对这些人物有专门论述）。他们都有各自的催眠理解，自然也都有由此衍生出来的、各自擅长的催眠技术，比如状态论者艾尔曼（第2章、第9章）认为催眠是一种选择性思维，其在牙科等医学领域中的快速催眠技术和深度恍惚技术便让诸多研究者难以望其项背；比如本书未详细介绍的另一状态论者奥恩，认为催眠的显著特征是对逻辑违背的容忍，由此指导下的司法催眠技术与成就可比肩伯恩海姆，甚至超越。当然，过程论者萨宾认为催眠是一种角色扮演，并在催眠治疗一线进行长期观察和实践，不仅理论特色明显，治疗效果亦明显，而曾从事舞台催眠表演的另一过程论领军人物巴伯（艾尔曼、魏兹霍夫等也成功从舞台催眠转向临床催眠，并获得较高尊重和成就）认为催眠是一种以暗示为主的社会认知操作，不仅以此亲身体验疼痛解离，还编制巴伯暗示量表，并在“催眠之神奇方面”获得与状态论者几乎等效的催眠效果，即清醒状态下的催眠干预可与恍惚状态下的催眠干预相提并论。

简言之，在影响或疗愈方面，清醒催眠（第9章）不亚于恍惚催眠。

或许可以这样说，以萨宾为代表的过程论者为催眠理解和催眠理论发展提供了一种新的方向和新的范式，并且让一直以来以状态论为重的天平倾斜向过程论这一端，甚至呈现一种可能长期均衡的态势。

但，不管天平趋向于哪一端，自我催眠深刻影响催眠发生却是状态论者和过程论者所公认的。所以，本书在倒数第二章（第12章）介绍大部分研究者认可的观点：催眠的本质是自我催眠。

但，自我催眠也是可以继续细化的，这也是本书最后一章（第13章）所要表达的主要观点：激活、语境、心境、具身等是自我催眠的主要因子，也是建构催眠的核心组成因子，更可以以建构催眠概括之。

所以，本书对建构催眠的定义是：以催眠对象为中心、以恍惚为特色、以建构为过程的深度沟通。这样一来，它或在一定程度上囊括前面12章的催眠观点，特别是对催眠两大阵营之状态论和过程论的整合。比如，状态论强调催眠是一种意识状态的改变，正契合建构催眠之以恍惚为特色；过程论强调催眠是一种正常意识状态下的正常过程，正契合建构催眠之以建构为过程的深度沟通；而以催眠对象为中心正体现建构主义的人本关怀，虽然它在过去几百年的催眠史中似乎被视而不见。

我们知道，在艾瑞克森的催眠合作观点（该观点非艾瑞克森本人明确提出，而是艾瑞克森弟子吉利根所总结）之前，催眠师的能力和职业道德几乎都是催眠研究关注的重心，即以催眠者为中心。这种特征在麦斯麦、沙可、伯恩海姆等权威催眠师身上体现得淋漓尽致。但也正是这种偏离重心的催眠理念导致催眠理论发展一度停滞，同时也导致催眠实践在很大程度上被视为具有极大表演成分的催眠控制——舞台催眠。当然，我们不能完全无视舞台催眠的存在，也不能完全否认舞台催眠的积极影响，因此，本书在第5章也介绍了舞台催眠兼魔术表演师麦吉尔的念动催眠手法。

虽然艾瑞克森提倡合作式催眠，但权威成分在他身上也是极为明显的，只不过他的这种权威与其他催眠师不一样，更倾向于隐性。所以，艾瑞克森的合作观点相当于把催眠重心从催眠师身上移到了催眠者与被催眠者身上，从而实现合作共赢。

但，本书认为这个重心可以继续转移到催眠对象那里，一切均以催眠对象为中心，关注催眠对象的具身反应、人格结构和积极心理发展等。所以，在建构催眠理念里，催眠者不止是一个引导者，同时还是一个建构者。对于引导者的角色，研究者比较熟悉，它一直是心理咨询和心理治疗等研究所强调的重点，而对于建构者的存在，本书认为，它是一种既指向恍惚也指向清醒的深度沟通，无论采用状态论者的解离手法，还是采用过程论者的认知手法，它本质上都是一种深度沟通，带有建构性质。当然，深度沟通本身也是建构催眠本身。这一点实质上是对传统催眠手法精华的继承，即强调催眠者的能力应当到位，否则难以建构。至于建构效果如何，则要视催眠者与被催眠者的互动合作，但重心始终应在被催眠者身上。因为，催眠发生的最大前提是被催眠者的自我催眠。换句话，如果被催眠者不愿意被催眠，或者保持防御之心，那么无论何种催眠手法都将无效，甚至带来负效。

这就是建构催眠首先强调以催眠对象为中心的意义所在，其次才强调以恍惚为特色，继而才强调以建构为过程。对此，我们不妨来看一个真实的论据，来自民族脊梁、舍身求法的玄奘：

“莫贺延碛（哈顺沙漠，位于罗布泊和玉门关之间）长八百里，古曰沙河。上无飞鸟，下无走兽，复无水草，顾影唯一……

行百余里，失道，觅野马泉不得。下水欲饮，袋重，失手覆之。千里行资，一朝斯罄。又路盘回，不知所趣，乃欲东归，还第四烽。行十余里，自念：我先发愿，若不至天竺，终不东归一步，今何故来？宁可就西而死，岂归东而生……

是时四顾茫然，人鸟俱绝。夜则妖魅举火，灿若繁星，昼则惊风拥沙，散若时雨……

四夜五日无一滴沾喉咙，口腹干焦，几将殒绝……

至第五夜半，忽有凉风触身，冷快如沐寒水。遂得目明，马亦能起……

于睡中梦一大神长数丈，执戟麾曰：'何不强行，而更卧也！'……

经数里，忽见青草数亩，下马恣食……

更经两日，方出流沙到伊吾矣。

此等危难，百千不能备叙。"①

这是玄奘独自穿越莫贺延碛的心迹表露，也是九九八十一难中的一小难，然而其时的艰辛早已不灭，其中的景象足够壮丽，其间的心动更是辽阔。

每每读此，每每动容。

每每动容，每每念此。

事实上，中国古代有数不尽的文化宝藏等着我们去重新解读和建构，这也是本书在第10章中介绍陶成章、余萍客和鲍方洲催眠手法时专门赋予他们三位一个特殊的称呼"中式催眠三子"的原因。但他们也仅仅只是传统意义上的催眠代表人物，因为他们所坚持的催眠观点基本不出南锡学派之催眠范畴，何况百年已过，催眠研究早已与时俱进。

然而，你再看，那深度沟通依旧仅在方寸之间。

张伟诗

二零二零年七月

① （唐）慧立，彦悰著．大慈恩寺三藏法师传［M］．孙毓棠、谢方点校．北京：中华书局，2000.

目 录

1 凝视催眠手法

催眠诞生于巫术，但又超越巫术，属于一门科学与艺术兼具的学科。如同心理实验室的建立标志着心理学成为一门正式的学科一样，凝视催眠手法的归纳、检验、创新与发展，同样标志着催眠学的诞生。

本书将凝视催眠放在第一章，除了强调催眠理念、催眠理论、催眠技术及催眠实践所蕴含的科学元素的重要性，同时也凸显凝视手法①在催眠发生及影响方面具有较为理想的效果。虽然有部分研究者提出异议，但这并不影响凝视催眠手法在催眠史上应有的地位。

本章主要介绍两位代表性催眠人物的凝视催眠手法，一位是詹姆斯·布雷德（James Braid），一位是查理斯·拉封丹（Charles Lafontaine）。

1.1 布雷德凝视催眠手法

1.1.1 布雷德简介

布雷德是催眠发展史上的重要人物，是巫术催眠的终结者，也是科学催眠的创始人。他在反对麦斯麦术、麦斯麦运动和麦斯麦主义②过程中发挥着不可替代的作用。正如 Kravis 所指出的那样，“他将催眠术视为一种科学研究工具，并创造性地使用催眠术治疗癔病性麻痹等，深刻影响 19 世纪 80 年代至

① 本书所言的催眠手法，主要指代催眠理念、催眠理论、催眠技术等的综合体。

② 麦斯麦术、麦斯麦运动和麦斯麦主义皆与麦斯麦（Franz Friedrich Anton Mesmer，1734-1815）所发起的生物通磁术（Mesmerism）有关。麦斯麦是前科学催眠时代的代表人物。

90 年代关于暗示疗法和催眠术性质的争论。”① 研究者 Fine 接着指出，“磁性梦游症或人工嗜睡症最终被布雷德重新定义为催眠，这有助于解释当时传统医学所无法解释的疾病。”②

布雷德于 1795 年 6 月 19 日出生于苏格兰。小学老师 David Ireland 对他的影响较大。Ireland 有时酗酒，之后偶尔的暴力行为不仅没有伤害到布雷德，反而培育了布雷德正直和坚持真理的品质。布雷德的英语发音较好，没有明显的爱尔兰口音，是一位出色的演讲者，同时也是一位出色的钢琴手。18 岁那年，布雷德与大他 3 岁的 Margaret Mason 结婚。布雷德的大学时代是在爱丁堡医学院度过的。据传，该学院在当时属于仅次于牛津和剑桥之外的最好的医学院。虽然布雷德没有获得医学博士学位，但早期的农场经历和善于观察学习的性格特征使得他在外科方面别具优势。

布雷德（图片源自 Wikipedia）

布雷德在发现凝视催眠之前，就曾多次观看过麦斯麦术的表演，特别是拉封丹等江湖人士具有视觉冲击效果的舞台催眠秀。布雷德观看时的心情比

① Kravis, N. M. James Braid's psychophysiology: a turning point in the history of dynamic psychiatry[J]. The American Journal of Psychiatry, 1988, 145(10): pp. 1191-1206.

② Fine, C. G. Antoine Despine: Magnetizer and Pioneer in the Contemporary Treatment of Dissociative Disorders[M]. Despine and the Evolution of Psychology. Palgrave Macmillan US, 2008.

较复杂：一方面，他的确亲眼见到麦斯麦术制造的超越人体生理常见限度之事实，因他本身就是一名小有成就的外科医生；另一方面，他却始终对麦斯麦术抱有强烈的怀疑态度，并一度试图揭穿所谓的骗术。

在布雷德发表《催眠学》（Neurohypnology）[①] 前夕，他和拉封丹的关系还一度紧张起来，因为观众席中有人呼吁布雷德也上台表演麦斯麦术，以此和拉封丹一决高下。布雷德还真上台尝试了，但令人失望的次数比成功催眠的次数更多，因此喜欢热闹的观众也开始疏远他而偏向拉封丹，医学界同仁对此却不以为然。

历史性的转机发生在某次观看麦斯麦术表演时，布雷德和他的一位同事均准备上台戳穿对方的把戏，因为他们坚信被催眠者和催眠者大都是在表演之前就已经私下协商好并在舞台上通过伪装真实效果，从而达到赚钱的目的。结果令布雷德和他的同事很是惊讶，他们否认了之前自己的预设，特别是他们当场拿针去刺了被催眠者的手指，还扒开被催眠者的眼睛以验证瞳孔大小（他们相信瞳孔大小是难以主观控制的），发现被催眠者的确进入深度催眠状态。

这件事情深刻地改变了他们的医学认知和刻板思维。从此，他们开始由怀疑转向了验证，后来则进一步转向创建：基于事实的理论体系化建构。

最为显著的是，在多次试图揭穿拉封丹的骗局中，布雷德敏锐地发现，并非什么神秘的磁流或神秘的介质促使催眠发生，而是被催眠者因为长时间凝视某个发光点（钉子、烛光或者墙壁上的眼睛等）导致疲劳发生，进而促使其进入麦斯麦状态（后来称之为专注状态或单一观念状态）。在这种状态下，“被催眠者的暗示性提高了。布雷德由此引入‘神经性催眠’（neurohypnotism）一词”[②]。

这个发现让布雷德欣喜若狂。于是他开始按照自己所领悟的逻辑在家里和诊所不断地尝试和验证，最终发现这种全新的引导方法基本可行，而且产生的效果一点也不亚于拉封丹等江湖人士看似玄之又玄、炫之又炫的麦斯麦

---

① 该书也被称作《神经性催眠》。它的另一个较长的名字是 The Rationale of Nervous Sleep Considered in Relation With Animal Magnetism Illustrated Numerous Cases of its Successful Application in the Relief and Cure of Disease。

② Bond, M. R. Scottish Contributions to the Development of Hypnosis and Psychosomatic Medicine[M]. Modern Trends in Hypnosis. Springer US, 1985.

术效果。乃至后来，布雷德虽然口头上依旧强烈批判麦斯麦术，但他不得不承认两者共同蕴含着暗示成分。

布雷德就此展开的催眠试验包括无端引发痉挛、失明失聪等。比如，他让某位女性进入催眠状态后，当该女性的手臂被举起并稍微伸展时便立即出现痉挛等症状。这时布雷德同时让其他在场的几位人员测试该被催眠者的失聪状态。结果，该女性被催眠者果然没能听到测试人员在她耳朵边的拍手声，并在醒来后惊恐快速地逃离。再比如，为了避免所谓的麦斯麦磁流的干扰，布雷德在将被催眠者导入催眠状态以后，认真地用绷带缠住其眼睛并严格使用玻璃漏斗试图影响病人的行为。结果发现，被催眠者居然能够作出敏感的跟随反应。这些效果令他大为惊讶。

布雷德另外的实验是，让一个女孩通过凝视墙壁而进入深度催眠状态。之后，告知她手指僵硬，以致该女孩握钢笔的手指完全僵住无法打开，虽然后来该女孩被温柔地唤醒，但她却几乎将此事遗忘。

类似的实验不少，总的而言，大致为两方面，一方面用来重复麦斯麦术所能达到的效果，另一方面用来验证自己创新性的想法。但无论哪一方面，都指向麦斯麦磁流之虚假，以及凝视催眠之真实。

当然，这种创新性的尝试还蕴含更为重要的逻辑，这也是其他江湖人士难以比拟的：布雷德始终坚持采用科学的方法和科学的语言去阐释这一现象，并在医学实践中基于多样本的检验后，发现这一路径是可操作的也是可重复验证的。

可操作自然不必说，可重复验证却是自然科学思维的重要体现，也是自然科学的必然现象。在此之前，人们似乎习惯性地采用超自然的思维（带有强烈的猎奇情绪）去看待催眠这件事，结果自然使得麦斯麦术表演越来越离奇古怪，也越来越不可控。因此，布雷德的发现或者说他的创造在很大程度上加速了巫术催眠的灭亡，也在同一时间开启了科学催眠的新序幕。

此后，在某次演讲中，布雷德开始公开宣称自己的催眠技术可以制造出与拉封丹先生一样的催眠效果，只不过导入的路径不一样。另外，布雷德开始改变以往的挑战与应战方式，更多地利用他的凝视方法在公众面前演示既类似又不同的催眠效果，而且越来越流畅，也越来越完美，更为重要的是，他还因此治愈了包括患风湿病等在内的多位病人。这大概也算是认真地回敬了拉封丹一回。

从此，布雷德术似乎开始广为人们接受，并且也似乎悄无声息地开始取代麦斯麦术。不过，我们看到的事实却是，布雷德术真正被主流特别是广大民众认可且在他们之间流行开来的时候，布雷德已离世多年。

这是布雷德创造科学催眠历史源头的大致情况。从他的诸多作品和思考看，他的确在这一方面与众不同并且独领风骚，但是，他的思考和实践并非没有缺憾，抛开凝视催眠的逻辑与方法是否完全可行不说，单就他在很大程度上把催眠与颅相学联系在一起并持赞许和欣赏态度这件事情上，便遭到那个时代诸多自然科学家和社会科学家直接或间接的驳斥，自然也遭到后世诸多催眠研究者毫不客气的批判。

1.1.2 布雷德凝视催眠操作技术

"布雷德研究出令被催眠者凝视发光物体而引导出催眠状态的技术，并用'催眠术'一词去表达它"[①]。这里，我们来看看布雷德在《催眠学》原文中是怎样描述凝视催眠技术的：

> 把任何明亮的物体放在左手的拇指、食指和中指之间；把它保持在离操作者眼睛大约 8 到 15 英寸、额头以上的位置，这可能会对眼睛和眼睑产生最大的压力，并使被催眠者能够稳定地盯着这个物体。
>
> 必须让被催眠者明白，他的眼睛要稳定而牢固地盯着那个物体，并且头脑中只想着那个物体。可以看到，双眼瞳孔最初会收缩，不久就会开始扩张，在相当大程度的扩张后，如果把物体移到眼睛处，眼睑很可能会不由自主地闭上，带有一定程度的颤动。如果不是这样或者被催眠者允许眼球移动，那么可以让他重新开始。
>
> 必须让被催眠者明白，当手指再次移向眼睛时，他会让眼皮闭上，但眼球必须固定在相同的位置上，而头脑则继续只想着眼睛上方的物体。如此一来，我们一般都会发现，被催眠者的眼睑会伴随着颤动而闭合。
>
> ……
>
> 被催眠者之所以不能睁开眼睛，是因为眼睑上提肌在长时间的

① 王凤仙. 催眠术和大脑的第三种意识状态［J］. 北京社会科学，1991（1）：109-111.

固定凝视后麻痹，这使得他（在生理层面上）睁不开眼睛。

……

经过十到十五秒钟以后，轻轻地抬起被催眠者的手臂和腿，就会发现被催眠者倾向于在放置它们的位置处停住不动。如果不是这样的话，可以用柔和的声音让他把四肢保持在这个位置上。这样一来，被催眠者的脉搏很快就会加快起来。随着时间的推移，被催眠者的肢体也会变得僵硬起来，而且会不由自主地固定下来。另外，人们还会发现，除了视觉器官，其他包括冷觉、热觉、肌肉运动或抵抗力，以及某些心理能力等，起初看起来都很强烈，然而过了一段时间后，它们就会伴随着一种抑郁的状态，远远超过自然睡眠所能引起的麻痹！

……

高度集中注意力，抑制呼吸等所引发的奇特状态，我称之为缺氧或神经性睡眠。它与普通睡眠最突出的不同在于它能产生非凡的效果……在某些情况下，这是众所周知的，个体会对周围的事物失去知觉，即使是严重的身体伤害（个体很有可能感觉不到，这也是催眠表演师所乐见的样子）。

布雷德采用的催眠唤醒的方法如下：

……

我会用双手在被催眠者的耳朵附近用力鼓掌，这样一来，他们就会突然清醒过来……或者用手、扇子、手帕等轻轻扇着被催眠者的脸，或者用拇指球轻轻揉压被催眠者的眼睛，或者在被催眠者的眉毛上横向温和抚摸几次，必要时还可以加上柔和的扇动。这样一来，他们就会慢慢地被唤醒。

结合布雷德其他著作中的表达以及他本人的实际操作，我们大致可以知道他的凝视催眠技术主要包括以下几个要点：

第一，发光体最好置于被催眠者的视线之上，这样比平视更能较快或者较好地引导出催眠状态，因为布雷德发现，直视的眼睛会让催眠发生变得非常缓慢和无力，而当眼睛能够保持在向内上斜视的位置时，这种引导将促使催眠发生得更为迅速，有时更为强烈。布雷德甚至宣称，只要动物能凝视或固定视线，他就能把它们催眠。虽然，著名催眠研究者魏兹霍夫（Weitzenhoffer）并不认为“视觉固定本身未必能带来类似的催眠效果”①。

第二，脉搏下降、肌肉松弛、眼睑闭合、眼球颤动、对光线失去正常反应、四肢僵直（而非普通的虚弱）、手握东西不掉等症状是催眠状态的重要特征表达，而如果恰当地运用多种凝视方法，则可以有效促进或加深这些症状的发生。更为重要的是，肌肉并不表现出相对于外在僵直状态的能量消耗，比如同样举手两个小时，被催眠者在清醒状态下几乎不可实现，特别当最初难以忍受的疲倦袭来的时候更会加速身心的逃避反应，同时被催眠者的肌肉将出现较大的酸胀或酸痛等，而如果处在恍惚状态下，被催眠者则不会出现清醒状态时常出现的问题。

第三，凝视法对心智发育不够成熟或者注意力集中困难的孩子难有成效，因为他们常常难以有效地将注意力集中在催眠者要求他们集中的某个地方。

第四，凝视法的应用与被催眠者的受暗示性（Susceptibility）相关较大，与后来者希尔加德等人所言的催眠易感性（Hypnotizability）类似。对此，布雷德指出：“催眠过程所需要的两个关键概念（元素），第一个是相信催眠者可以催眠被催眠者；第二个则与被催眠者顺从的、暗示性的人格或性格有关。”②

第五，关于催眠深度。研究者 Perry 和 Nadon 指出，“布雷德提出了催眠三阶段，分别为轻度催眠、深度催眠和催眠昏迷”③。这三个阶段的分类被后世研究者不断验证，虽有着不同程度的质疑，但始终与凝视催眠在催眠发展史上的意义一样，瑕不掩瑜且广为咨询催眠师所接受。

布雷德不仅检验了凝视催眠技术的合理性，还将凝视催眠技术用于被催眠者（病人）的症状治疗。我们来看他的诸多治疗个案中的一个：

---

① André M. Weitzenhoffer, Philip B. Gough & Judah Landes. A Study of the Braid Effect:(Hypnosis by Visual Fixation)[J]. The Journal of Psychology: Interdisciplinary and Applied, 1959, 47(1): pp. 67-80.

② Braid, J. Neurypnology, or the rationale of nervous sleep considered in relation with animal magnetism: Illustrated by numerous cases of its successful application in the relief and cure of disease. London[M]. UK: Churchill, 1843.

③ Perry, C., & Nadon, R. The measurement of hypnotic ability[M]. Contemporary hypnosis research, 1992.

S女士是我的近亲之一，她在1839年1月得了严重风湿热（severe rheumatic fever），左眼视觉受到影响。直到1842年6月，她来我家做客时，眼睛并未有疼痛感，但作为视觉器官却毫无用处。超过一半的角膜不透明使她无法清楚地辨认物体。

……

尽管我曾见过其他病人的眼睛从催眠术中获益良多，但我从未想过像S女士也会有类似的经历。3个月后，剧烈的疼痛迫使她接受我曾向她推荐过的催眠术，只是当时她并没有答应。

所以，我立即将她催眠。这立刻缓解了她的痛苦。

第一次催眠后，她可以自由移动手臂。第二天又做了一次催眠，她的手臂完全放松。令她、我和在场的其他人感到惊讶和高兴的是，她发现自己的视力有了很大提高，当右眼闭上时她能够看到房间里的每一件东西，也能说出不同花的名字，并能分辨出它们的颜色，而这是她近三年半时间几乎做不到的。因此，我现在每天都重复给她催眠，并在很短的时间内看到她的角膜变得越来越透明，以至于需要仔细检查才能看到少许不透明的地方。

在这一过程中，除了催眠之外，我没有使用任何其他东西或手段。

按照布雷德的理解，催眠术不仅可以改善被催眠者的视力、治疗聋哑人（先天聋哑人受益催眠的机会比那些因疾病或事故而遭受损伤的聋哑人要大得多）、治疗瘫痪或风湿病（催眠术是一种比其他任何一种治疗方法更有效和更迅速的缓解办法），还可以治疗部分肌肉不规则或痉挛、脊柱侧弯、皮肤病、消化不良、紧张口吃，甚至癫痫等疾病。

当然，作为医生的布雷德并不迷信于催眠的神奇治愈能力，在这方面，麦斯麦（请阅本书第11章“通磁催眠手法”）和他的追随者们已经有过太多的负面教训了。布雷德指出，催眠治疗并非完美，只不过借助催眠有可能使病人病情得到较大改变或较好改善，并且在病人完全不知道的情况下缓解手术疼痛等。而对于同行的指责，布雷德的应对方式也比较温和（不似麦斯麦那样强势强硬）。他说道，尽管我得到最令人满意的证据，并证明催眠具有治疗某些疾病的价值，但当它被明智地应用时，我反对把它看作是一种万能的或普遍的治疗方法，或者认为其功效主要取决于催眠师的特质或魅力等。

1.1.3 布雷德凝视催眠手法评论

毫无疑问，布雷德的凝视催眠手法对科学催眠发展具有里程碑式的意义和不可替代的贡献，也正是催眠通过凝视促使神经疲劳进而加深催眠状态这一路径使得科学催眠发展掀开崭新的一页。或者更为客观的说法是，如果没有早期挑战麦斯麦术的失败，没有与之紧密相关的创新精神，没有外科医学的受训背景，没有热情洋溢的科学热情，没有持之以恒的意志以及温润的性格，布雷德显然是不可能成功的。

但学习者不要忘记的是，虽然布雷德体系化地完善了凝视催眠手法（布雷德并非创新创造催眠状态，而是把催眠状态还原为正常状态，即普通人并不需要借助磁流却随时都可以在催眠者的引导下产生这种状态。催眠与催眠状态是可重复验证的），但他在自己的学术生涯后期，却开始提倡暗示才是催眠发生的本质。也就是说，被催眠者未必都要通过凝视才能被催眠（不断修正自己的学术观点是一件较为常见的事，最为著名的莫过于弗洛伊德的人格理论）。

关于暗示观点及技术，我们将在本书的第 3 章“暗示催眠手法”中给予专门讨论。

所以，布雷德也开始尝试用其他词语来替代“催眠”一词，比如 monodeism，这个单词可直接翻译为“单一观念”，即被催眠者在催眠状态下，大脑中只出现单一观念，而非多个观念或者矛盾观念。多个观念或者矛盾观念经常出现在被催眠者正常的清醒状态中。所以，单一观念也可称之为专注，如果要凸显它属于催眠状态下的专注，比一般的、传统的专注更有具身色彩，则可在前面加两个字“高度”，即高度专注。今天，我们看到专注如此重要如此受欢迎，以至于很有可能从童年时期开始就对个体产生较大较长较深刻的影响。从这个角度而言，被理解为专注的催眠，无处不在乃至生生不息。

布雷德在技术上有所创新，在言行和推广上也是如此。事实上，这个角度可理解更高层次的催眠手法。比如，布雷德的凝视催眠技术相对于麦斯麦术不仅是一种理念的创新，也是一种思想上的创新，同时还是一种理论上的创新，而在实践层面，他身体力行知行合一，包括与患者合作，与医疗机构合作，与所有能合作的对象合作，进而扩大他的科学催眠影响。另外，在催眠学科建设上，他还借助那些已经较为成熟也广受社会大众认可的学科去推广催眠学。这样一来，催眠影响与发生发展所受到的阻力显然小了很多，而这些阻力，正是此前众多催眠人物被人们遗忘的重要原因。

不要忘记的还有，布雷德在提倡凝视催眠技术的同时，也倡导利用催眠激发潜能。这可以理解为早期积极心理学的萌芽。比如，一个具有战斗力或破坏力的病人，在催眠状态下将表现出更强的战斗力或更大的破坏力，或者，一个具有创造力的病人，在催眠状态下也将有可能表现出更为强大的创造力。可见，催眠能激发清醒状态下被视为萎缩的或潜藏的诸多潜能。再比如，对刺、捏或羽毛挠痒等反应敏感的被催眠者，在催眠状态下很有可能变得并不敏感，或者相反，变得更加敏感，这也可以视为一定程度上的潜能激发。还有，催眠也能缓解肌肉僵直，促使血液通畅，进而激发皮肤敏感或瘙痒、起水泡等。

最后，研究者 Noemi、Felix、Gabor 和 Istvan 指出："最近的实验研究与布雷德的催眠概念（1843 年发表）表达一致。布雷德将催眠定义为一个增强或抑制神经活动的过程，以及改变大脑各区域之间的功能连接过程……与心理意象有关的大脑区域被认为是催眠的中心。我们认为催眠状态下的'隐秘观察者'可能是一种无意识认知（cognitive unconscious），主要出现在高度敏感的受试者身上。"① 这样的评论十分妥当，作为本小节的小结，不仅到位而且带来延伸和思考。

1.2 拉封丹凝视催眠手法

上述的麦斯麦和拉封丹都可视为布雷德的劲敌，不过，如果从另外一个角度来思考，也正是因为他们的存在以及相互之间的较量，才使得布雷德脱颖而出并创造新的历史：麦斯麦为布雷德创造一个广大无边的舞台，而使用麦斯麦术的拉封丹则在与布雷德直接或间接的较量中有意无意地带给布雷德直接或间接的灵感。反过来，这也可以视为是麦斯麦和拉封丹的历史贡献。

① Noemi Császár, Scholkmann, F. , Gabor Kapócs, & Istvan Bókkon. The "hidden observer" as the cognitive unconscious during hypnosis［J］. Activitas Nervosa Superior, 2016, 58(3-4): pp. 51-61.

1.2.1 拉封丹简介

拉封丹是前科学催眠时代的催眠表演艺术家，全名 Charles Léonard Lafontaine，1803 年出生于法国。拉封丹家境优越，他从小向往演员职业生涯，不过，事实证明他的演员之路并不顺畅。之后，某次因机缘巧合，他利用磁化术（麦斯麦术）将某位女性催眠了，从此开始认为自己也和麦斯麦一样，拥有能够发射出强大磁流的双手（这种动机或许还带有某种商业目的，即拉封丹未必真正糊涂到以为自己的双手能够创造磁流）。这种不经意间的成就感和打开口子的意欲从事通磁的决定从此改变了他的职业生涯，加之早期的演员底子并没有完全荒废，在拉封丹一生精彩而跌宕的催眠之旅中作出不可忽略的贡献（拉封丹的这一轨迹与另一催眠人物 Dave Elman 十分相像，学习者可参阅本书第 9 章“清醒催眠手法”）。

拉封丹（图片源自 Wikipedia）

对于这位传说中游子般的催眠人物，学习者不妨来看看英国作家兼磁术家（或称麦斯麦术家）Spencer T. Hall 笔下关于他外貌的真实描述：“他的出现唤醒我的好奇心。这是一位身材结实、肌肉发达、眼睛放光、胡须丰茂、身着黑衣的中年男人。"[①] 毫无疑问，这时已经闻名遐迩，而且能够磁化别人的拉封丹在类似 Spencer 等磁术家眼里自然与众不同，因为他看起来还"威严慈祥，与人说话带着绝对自信"，虽然他最初因热衷磁化而与亲戚朋友翻脸。

1892 年，游走的催眠表演艺术家拉封丹于瑞士离世，享年 89 岁。

1.2.2 拉封丹凝视催眠操作技术

我们且来看看拉封丹是如何进行凝视催眠的。他的被催眠者是他众多助手中的一个，名叫尤金（Eugene）。

拉封丹首先让尤金坐在扶手椅上，然后让他盯着自己的手指看，并且保持不动。没一会儿，尤金就迅速进入催眠状态，并且表现出诸如面无表情、脖子僵硬以及手臂放松等症状。

这看起来似乎和睡着了一样。

接着，拉封丹便开始了他的表演。

拉封丹首先拿出一根针来刺尤金。结果，尤金没有任何反应。这时观众们发出唏嘘声，似乎表示拉封丹和尤金有可能事先已沟通好，现在在耍花招。拉封丹对观众的反应并不急于辩解，而是接着拿出一小药瓶状的装满刺激性较强的盐（a phial of extremely potent smelling salts，即氨水，英文为 ammonia inhalants）让观众闻（观众的反应自然强烈），以示真实不假，然后转身将它放到尤金的鼻子下。

结果，尤金还是没有反应。观众发出一阵夹杂着唏嘘的喝彩。

接下来，拉封丹在尤金鼻子下继续点燃一根火柴，以观察尤金的反应。而尤金的催眠表现自然十分完美。然后拉封丹又暗示（命令）尤金开始唱歌。于是尤金发出低沉的呻吟声。这声音仿佛从胃里传上来。不过，只要拉封丹的手势一起，他便会立即停下来。

这些显然远远不能满足观众的胃口，也不能满足拉封丹本人的意愿。接下来，拉封丹继续让尤金手臂平展，双腿前伸。这时，观众中有人上来测试了一下，发现尤金的双手双腿简直像树枝一样僵硬。于是，精彩接踵而至，拉封丹拿出一台电磁发电机给尤金通上

① Hall, S. T. Mesmeric Experiences[M]. H. Bailliere, (London), 1845.

电。尤金虽然因此震动了一下，但完全没有任何表情，另一名不信邪的观众也上来体验了下，却一下子被电得哇哇大叫（这自然引起观众更为热烈的掌声和喝彩声，而拉封丹要的就是这效果）。

再接着，拉封丹的其他催眠项目花样百出，精彩不断。

最后，当拉封丹给尤金去磁时，尤金意识恢复正常，并当场宣称他什么都不记得了（突然唤醒睡眠中的人们，他们也有可能表现得十分迷茫）。

……

后来有位不怕事大的观众在验证尤金的磁化状态时，偷偷给了他一刀。虽然尤金当时并未有感觉，但在醒来后却因流血过多感觉极不舒服，遂与拉封丹迅速离开表演场所。

拉封丹在长期云游欧洲的时间里，通过五花八门的生物通磁术表演一次又一次地刺激了媒体和大众的神经，不仅说服一大批对物理学不太了解的其他学科专家，也和麦斯麦一样迎来了为数不少的观众追随者。他不仅能将助手磁化（催眠），也能将走上前台来的挑战者或者参与者磁化，而且还能将动物园里的大型动物磁化。就在1841年8月5日致《泰晤士报》的函中，拉封丹声称自己能使哑巴开口说话、能使聋子听见声音，虽然最后都失败了（腹部阅读也失败了），但是他却可以让正常人不能说话也不能听见声音。有批评者指出，拉封丹的这些简单花招其实没有什么稀奇的：恰当的针刺可以产生极少的痛感，即使被催眠者不被磁化也能表现得镇定自若，而刺激性物体的嗅觉测试更像是一场魔术，因为只要被催眠者暂时停止呼吸就闻不到味道了。至于拉封丹本人所宣传的偶尔的失败，那恰好证明他并没有什么磁力，也不存在什么磁化现象。

布雷德就是批评人群中的重要一员。

1.2.3 拉封丹凝视催眠手法评论

总的来说，与麦斯麦和布雷德比较起来，拉封丹的凝视催眠技术并没有什么创新性突破，依旧循规蹈矩地停留在生物通磁术（也称动物磁化术）范畴里：愿意配合的被催眠者、固定时间的凝视、肢体僵硬、触觉味觉嗅觉等较大强度的测试，以及眼花缭乱的催眠唤醒，等等。

至于理论方面，则更少，或者，几乎没有，无论这是拉封丹本人的有意忽略还是他根本就没有能力去归纳整理甚至创造。历史上留下他这方面的素材少之又少，何况著名心理史学家艾伦伯格（Henri Ellenberger）指出，“他的书读起来就像有趣的冒险类小说”[①]。其实，稍微思考下便知道，云游四方的表演者（这个词语是中性的，既无褒义又无贬义，只是对拉封丹生活的客观描述）并不会花太多时间去理会这些，因为不菲的收入远远超过理论探索带来的回报，何况他还要以此养活自己和助手们（催眠表演是他主要的收入来源）。

但是，学习者需要重视的是，我们恰巧可以从拉封丹（以及本书将要讲述的李厄保等人）身上看出，理论对于催眠研究具有更为重要也更为长远的意义。当世和后代的人们再提起相关催眠人物的时候，更多会把他和与之紧密相关的理论联系在一起，而不是把他和那些带有神奇甚至神秘的内容联系在一起。甚至，那些带“神”的内容有时往往成为他们留给人们的负面背影。

对此，麦斯麦和布雷德就是很好的对比：尽管麦斯麦创造的麦斯麦术被认为是伪科学（因为他的手指并不能发射出宇宙中的磁流或射线），但他对自己的言行有一套完整的理论见解，这些重要观点在他的博士论文中得到较好的体现，也就是说，按照他的逻辑，他的神奇是解释得通的，而且具备流畅性和完整性，即便偏离方向。布雷德也是一样，虽然他没有博士论文，但他出版了《催眠学》一书。这本书的价值正是科学催眠的起点，时至今日，书中的诸多内容仍具重要参考意义。所以，按照布雷德的逻辑，布雷德自己的神奇（医学性质）也是解释得通的，而且更加严密、更具实证基础。

回头过来，学习者也不要忽略拉封丹的影响。虽然带着磁化的痕迹，但拉封丹与他的凝视催眠技术同样为反磁化运动作出了部分贡献，让人们有机会从更加清晰和更加生理的视角去看清催眠状态究竟为何，特别是布雷德等人从中收获灵感，同时，他和助手们或真或虚的催眠表演还为催眠本身的发展与进步提供标本：他们似乎开始逐步脱离磁流的牵绊。

最后，不要忽略的是，虽然夹杂着许多商业动机和表演目的（而非治疗），拉封丹与麦斯麦、布雷德等人一样，对催眠也是始终执着的，或虔诚的。

---

① Ellenberger. H. The discovery of the unconscious: The history and evolution of dynamic psychiatry[M]. New York: Basic Books, 1970.

1.3 本章小结

本章讨论的是以布雷德和拉封丹为代表的凝视催眠手法，归纳起来，该手法的技术难度不大，学习者可以在大量实践的基础上，尝试如何灵活变通。对此，学习者不妨记住这样一种观点：凝视催眠手法的重点并不在于睁眼或闭眼。

将睁眼或闭眼作为重点的是睡眠催眠技术。

请阅下一章：睡眠催眠手法。

2 睡眠催眠手法

睡眠催眠手法广受学习者欢迎，不仅因为其操作方法和步骤相对简单，其效果也比较明显。

一般认为，睡眠催眠手法主要指代将催眠引向睡眠，并在催眠状态或类睡眠状态下进行一定程度的干预或影响。对于此种手法，研究者通常将催眠与睡眠进行类比，并且早在麦斯麦时期就已经开始广泛流行，尤其受贵族和贫穷百姓的欢迎：贵族喜欢睡眠催眠手法，因为它带来诸多神奇效果，贫穷百姓喜欢睡眠催眠手法，因为接受它可在一定程度上减免医疗费用。

麦斯麦之后，布雷德提出催眠应是由于凝视导致疲劳，进而引出类睡眠状态，并在此状态下进行治疗。这一思想深刻影响催眠发展史上两个重要催眠流派，分别是法国巴黎学派和法国南锡学派，尤其是南锡学派的创始人李厄保（Ambroise - Auguste Liébeault，1823 - 1904）和领导人伯恩海姆（Hippolyte Bernheim，1840–1919）。伯恩海姆曾拜李厄保为师，并从他那里获得催眠治疗的入场券以及睡眠催眠技术（即后来的暗示技术）。我们知道，李厄保在长期的乡野行医中，主要使用的催眠技术属于麦斯麦生物通磁术和布雷德凝视催眠（以及暗示催眠）的混合体，带有强烈的睡眠倾向。这一思考和操作深刻影响着伯恩海姆，以至于后来当他一度成为催眠领袖时，依然毫不掩饰地称赞此种手法的高效率。这一时期前后，睡眠催眠手法从法国传至东方，中国“催眠三子”陶成章、余萍客和鲍芳洲不仅接受催眠的睡眠倾向，还将催眠、睡眠与暗示三者融合在一起使用，同时将催眠影响推至国内发展的巅峰（参阅本书第 10 章“中式催眠手法”）。

伯恩海姆之后，研究者继续从不同角度类比睡眠与催眠。比如，Levine 和 Maurice 认为，“被催眠者通常是放松的，眼睛逐渐闭上，几乎没有自发活动，对周围环境中的大部分刺激也没反应，但如果在清醒时却是会对这些刺激作出反应的。此外，医生在催眠引导期间经常使用‘入睡’（sleep）一词”[①]。Barker 和 Burgwin，Israel 和 Rohmer 以及 Chertok 和 Kramarz 等也分别指出，“催眠与轻度睡眠或嗜睡在 EEG 检测方面有相似之处”[②]。更有伟大的生理心理学家巴甫洛夫（Ivan Pavlov）用实验证明，“催眠位相是介于清醒状态和完全睡眠之间的中间位相”[③]，“部分睡眠也就是所谓的催眠”[④]，并且可用条件发射解释，因为“暗示是人类最简单化的、最典型的条件反射”[⑤]，属于“抑制性质的自我保护反射”[⑥]。其他诸多学术研究者（Pawlow，Gastaut 等)[⑦⑧] 基本认同巴甫洛夫这一看法，而诸多催眠实践者特别是医生和职业治疗师（包括当下的大部分心理咨询师）也都坚持将睡眠类比催眠较为妥当，也较简单易行。

当然，持反对意见的研究者也不在少数，比如 Nygard 认为，“相较于睡眠，催眠在某些大脑运行机制方面与清醒状态更加接近”[⑨]，Kratochvíl 也指出，“类似睡眠的行为特征并非催眠状态的内在现象假设”[⑩]，之后，Evans 也明确表示，“尽管催眠与睡眠之间在现象上有一些明显的相似性，但它们似乎

---

① Levine, & Maurice. Electrical skin resistance during hypnosis[J]. Journal of Nervous & Mental Disease, 1930, 74(1): pp. 937-942.

② Chertok, L. & Kramarz, P. Hypnosis, sleep and electro-encephalography[J]. The Journal of Nervous and Mental Disease, 1959, 128(3): pp. 227-238.

③ [苏] 巴甫洛夫. 条件反射：动物高级神经活动 [M]. 周先庚，荆其诚，李美格译. 北京：北京大学出版社，2010.

④ [苏] 巴甫洛夫. 条件反射：动物高级神经活动 [M]. 周先庚，荆其诚，李美格译. 北京：北京大学出版社，2010.

⑤ [苏] 巴甫洛夫. 大脑两半球机能讲义 [M]. 戈绍龙译. 北京：北京大学出版社，2014.

⑥ [苏] 巴甫洛夫. 条件反射：动物高级神经活动 [M]. 周先庚，荆其诚，李美格译. 北京：北京大学出版社，2010.

⑦ Pawlow, I. P. The identity of inhibition with sleep and hypnosis[J]. Scientific Monthly, 1923, 17(6): pp. 603-608.

⑧ Gastaut, H. Hypnosis and Pre-sleep Patterns[M]. Psychophysiological Mechanisms of Hypnosis. Springer Berlin Heidelberg, 1969.

⑨ Nygard, J. W. Cerebral circulation prevailing during sleep and hypnosis[J]. Journal of Experimental Psychology, 1939, 24(1): pp. 1-20.

⑩ Stanislav Kratochvil. Sleep hypnosis and waking hypnosis[J]. International Journal of Clinical and Experimental Hypnosis, 1970, 18(1): pp. 25-40 .

在生理方面相关不大"①。事实上，部分与巴甫洛夫同时代的前苏联心理学家也持与巴甫洛夫相左的观点。之后，受巴甫洛夫影响较深的美国著名心理学家、催眠学者、心理学会主席赫尔（Clark Hull，1884-1952）和希尔加德（Ernest Ropiequet Hilgard，1904-2001）等院士也纷纷表示两者存在较为明显的差别，而且一致声称如果直接将巴甫洛夫由动物身上所得的实验结论用于人类身上，并不完全妥当，甚至还存在较大争议。

上述研究者虽然各持己见，但我们看到的事实却是这样的：指向睡眠的催眠手法，如果操作得当，其治疗效果确实不错。因此，除了上述催眠人物将在本书中陆续介绍外，这里，本章主要介绍不太为人们所熟知但却被广大医生特别是牙科医生所追随的传奇催眠专家艾尔曼（Dave Elman）的睡眠催眠技术，以及拥有一定学习者数量的美国催眠动机研究所（Hypnosis Motivation Institute，简称 HMI）常用的睡眠催眠技术。

2.1 艾尔曼睡眠催眠手法

2.1.1 艾尔曼简介

关于艾尔曼的个人资料并不多见，这是有一定原因的。一方面，艾尔曼本人几乎不撰写学术论文，另一方面，他公开出版的书籍也不多，从目前可查找的资料看，似乎只有一本，便是那本广受专业研究者欢迎的《催眠治疗》（Hypnotherapy）（本书对于国内读者而言，也较为陌生）。按照推荐者 GIL BOYNE 的表述，这是艾尔曼的催眠课程教科书，艾尔曼将闪电般的催眠手法应用于其生平所遇到的各种治疗中，不仅有用而且实用，算得上催眠领域里的经典之作。当然，正是在这本书中，艾尔曼真实地记录了自己部分童年和青少年生活以及他对催眠较为丰富且与众不同的理解。

---

① Evans，F. J. Hypnosis and sleep：the control of altered states of awareness[J]. Annals of the New York Academy of Sciences，2006，296(1)：pp. 162-174.

艾尔曼（图片源自 Wikipedia）

艾尔曼出生于1900年，童年时候受父亲影响较多，对催眠也甚感兴趣。他讲述了某次与父亲同去看望不远处的某位口吃女孩的故事，父亲利用催眠将该女孩的口吃治好，但这只是在催眠状态下的效果，如果从催眠状态中醒来，该女孩则立即又恢复口吃症状。这件事情给艾尔曼留下十分深刻的印象，他也是到后来才知道如何才能够更为长久有效地利用催眠治疗此类病症，而且其疗效也不因催眠的唤醒而消失殆尽。

后来，艾尔曼的父亲患上癌症备受折磨。有一位著名的催眠师前来艾尔曼家里帮助艾尔曼父亲缓解病痛。这件事情又加深了艾尔曼对催眠的记忆，也引起他对催眠更为持久的兴趣，虽然艾尔曼父亲最后还是不幸离世。之后，艾尔曼跟随该著名催眠师前往各个地方表演舞台催眠，并且好奇在该催眠师的主导下，为何自己的手一接触那些上到舞台体验催眠的被催眠者的手时，他们要么立即睡倒，要么表现出各种夸张反应。这段舞台催眠时期虽然不长，但在一定程度上改变了艾尔曼今后的人生轨迹。再长大一些，艾尔曼开始对音乐表现出浓厚兴趣，并且希望自己日后能成为一名远近闻名的演员。事实上，演员之路似乎更符合艾尔曼的个性，因为他不仅拥有一副好嗓子，还拥有善于表演的个性，而这与舞台催眠表演正好存在很大重叠。14岁左右，艾尔曼暂时放弃催眠，全身心投入到音乐创作中去。在小有成就之后，艾尔曼怀揣梦想去了纽约，希望在 W. C. Handy 的指导下能够成为一名作曲家。不过事与愿违，他终究未能如愿。随后，艾尔曼找到自己的专注点——在某电台主持节目。这档节目广受听众欢迎，而且大获成功。

在电台工作期间，艾尔曼始终对别人隐藏着自己的催眠才华，虽然他还曾邀请人们参与他所主持的催眠节目（他仅作主持，并不参与）。后来，妻子鼓励艾尔曼应当有所作为并为社会作出更大贡献，于是艾尔曼才逐渐向人们打开心扉，并宣布他的催眠经历和催眠教学计划。这些举动立马获得诸多专业医生特别是牙科医生的追捧。后来，为了催眠技术教学方便，艾尔曼专门为学习者们录制了大量的催眠音频。如前所述，拉封丹充分发挥他的表演优势来提高催眠秀成绩，但艾尔曼在这方面与自然科学相结合得更多，自然也更受欢迎：艾尔曼的确从催眠实践中悟出拉封丹所没悟出的或不愿意表达的某些机锋，或者更为严谨的说法是，艾尔曼更善于从中总结出催眠的一般性原理。而从治疗效果看，艾尔曼那经实践检验过的催眠领悟的确拥有更强的生命力。

2.1.2 艾尔曼睡眠催眠操作技术

艾尔曼在长期的医学催眠教学和治疗中，对催眠治疗与催眠影响深有体悟。这些体悟有些来自他自己的经验总结，有些则来自各地医学学生的技术反馈。按照研究者共同的观察与解读，艾尔曼的催眠手法不仅速度快，而且在催眠加深方面独具优势，同时还能在某种程度上测试对方的催眠深度与反应能力，因此它在现代催眠中得到较为广泛的应用。

这里，我们来看看艾尔曼的睡眠催眠法，这来自他的《催眠治疗》：

> 这是一个值得研究的项目：试着把睡眠和催眠联系起来，不断尝试，直到你自己满意为止。
>
> 对此，可以以呼吸次数为可见和常见的标准：健康的正常人在清醒时候的呼吸大约为每分钟 16 次到 18 次，进入睡眠以后则减少很多，但是怀孕几个月后的准妈妈在深度睡眠中可能比怀孕之前多 3 次到 4 次。以正常人的 18 次为例，进入深度催眠状态后，他们的呼吸不仅会减缓，次数还有可能达到 3 次到 4 次，有时甚至 2 次。但要记住，任何时候，他都会保持自己的意识。
>
> 因此，为了保证睡眠催眠成功，一定要提出睡眠后的暗示。
>
> 必要步骤如下：
>
> - 在病人完全清醒的时候，数一下一分钟内的呼吸次数。
> - 通过睡眠导向，让病人陷入深度催眠梦游状态，或者 Esdaile 状态（麻醉昏迷状态）。
> - 在你把他从放松状态中唤醒后，给他一些睡眠暗示，使其发

挥作用。

●把他从催眠状态中唤醒，让他在适当的时候自然入睡。

●在病人对暗示作出反应后，等到他的呼吸降到每分钟7次到8次。需要记住的是，这必须在没有任何暗示的情况下发生。

艾尔曼接着指出，在睡眠状态下，人体的生理机能消耗会下降，但在催眠状态下则保持正常速度。睡眠与催眠的另外一个重要联系是，当把催眠与睡眠相连接时，失忆效果会很明显。病人的反馈是，对于一个记不起的梦，即便被提醒（prodded），也未必完全回忆得起来。

我们来看看它的技术流程：

若要在睡眠中获得催眠，以下步骤是必要的：

●数一数病人的呼吸。确保呼吸减少到每分钟7次到8次，每分钟6次到7次更好。如果病人呼吸急促，那么，你最好等到他睡得更熟更深时再行动。

●接下来可以轻轻地靠近病人，使用温和的引导语。说话时要非常有自信：这是×××（催眠师）在与你说话。你能听到我的声音，但你不能醒来。你能听到我的声音，但你不能醒来。你能听到我的声音，但你不能醒来（重复3遍）。病人这时通常处于深度睡眠状态，因此，必须重复几次才能使他的潜意识进入昏迷状态（深度催眠状态）。

●继续说道：我知道你在听我说话，当我轻触你的拇指，你的拇指将会开始上升。当你的拇指移动时，我知道你在听我说话。你能听到我的声音，但你不能醒来（可适当重复同样话语）。

●当对方的拇指有一定的反应时，可以继续温和地说话，并添加一些暗示。

●当你给出了想要的暗示后，或者完成了催眠分析后（或者完成催眠治疗后），下一步就是去除催眠状态了。这样一来，病人就可以继续完全自然睡眠，直到他自己醒来。这时的引导语可以是：当我不再和你说话时，你会恢复到我开始和你说话之前的状态。你会睡得很沉，早上醒来时你会完全清醒——甚至不记得我跟你说过话——但你会对手术感觉好多了（或者不会再被过敏反应困扰了，或者不再感觉疼痛了，或者其他适合被催眠者身心改善的暗示）。你一点也不担心……你会很快康复的。现在去睡个好觉，明天早上见。我要停止说话了……

艾尔曼认为，这种深度催眠状态（或称为昏迷状态）下的麻醉最好最有效，虽然它目前被关注的广度和深度还远远不够，但它值得探索者们反复研究。

我们再来看艾尔曼与某位学生（专业医生）的一个睡眠催眠个案。

医生：艾尔曼先生，我结婚已经超过35年了，我和妻子对未来还有很多值得期待的美好日子，但我一直面临着一个可怕问题。那是我妻子的问题，真的，她就是这个问题的所在。

艾尔曼：她病了吗？

医生：不，一点也不。我妻子身体很好。我们彼此深爱着对方。但有一个问题必须被纠正。她总是欺负我。

艾尔曼听到这位医生这样说，起初还以为他在戏弄自己，不过觉得这位医生说话时比较认真严肃，不像开玩笑。

医生接着说道：你知道嫁给一个专横跋扈的女人是什么感觉吗？我就是那种受妻子管制的丈夫。

艾尔曼：听到这个我很难过，但是你觉得催眠对你会有什么帮助呢？

医生：我已经有很多年的计划了。我已经很努力了，但我还是做不到。我不想催眠她，给她暗示不要再找我麻烦就可以了。如果她知道这让我有多痛苦，我肯定她不会让这种事情继续发生下去的。

艾尔曼：你为什么不告诉她呢？

医生：先生，我尝试过了，但似乎没有多少用处。她基本上不把我当回事。

艾尔曼：那你有什么计划吗？

医生：简单说吧。在清醒状态下她不会让我催眠她的。现在如果我能在她熟睡的时候做这件事，她甚至都不会知道自己怎样被催眠的。然后我可以给她必要的暗示，我相信她不会再不停地找我麻烦了。

艾尔曼：医生，你对催眠有一种完全错误的印象。不管你使用哪一阶段的催眠，病人都有完全的选择性，如果病人不想接受这个暗示，他就不会接受。我们在课堂上非常清楚地证明了这一点。偶尔，当我们得到你所指的状态时，我们会故意给病人一些我们认为不太受欢迎的暗示，以便观察病人的反应。通常情况下，病人要么从睡梦中醒来，要么继续睡觉，但拒绝接受这个暗示。我仍然认为处理你这种情况最好的办法就是，你和你的妻子坦率地讨论这件事情。如果她在醒着的时候不听你的话，那么，在她睡着的时候也当然不会听进你的话。催眠不能用于这种目的。如果这是你在这报名的唯一理由，那么，请不要报名。

医生：好吧，艾尔曼先生，我相信你比我知道得更多。我想我确实有一个错误的印象。然而，我还是报名参加这门课程，因为我觉得学习你的技巧对我的病人是有好处的。

在接下来的整个过程中，这位医生再没提到他和妻子之间的其他问题了。他勤奋地学习，并带来了一些他为病人所做的出色工作的报告。

这多少让我对他刮目相看。

一年后，在同一座城市他又来到我的课堂。他先是问我能不能向新生们宣布一件事。我自然同意了。

以下是医生的睡眠催眠技术内容：

当我作为艾尔曼先生的学生时，我只有一个目的，便是学习在我妻子睡觉时催眠她，并给她暗示，使她停止对我的挑剔和唠叨。艾尔曼先生说我做不到，也不会成功的。但事实上，我已经非常成功了。我在我妻子熟睡的时候催眠她。她从来不让我在她醒着的时候催眠她，但我在她睡着的时候这样做了，她甚至都不知道有这回事。我和她那失去知觉的头脑进行交谈，告诉她她的挑剔和唠叨对我造成很大的困扰，并暗示她再也不要这样做了。现在，她已经一年多没这样做了。

我很自豪地说，我更快乐了。

从上述这个出乎艾尔曼意料的催眠个案来看，睡眠催眠毫无疑问是一种值得重视的技术，因为它的实际成效不仅在这位医生妻子身上得以体现，而且近年来也已被各种实验证明是合理、可行、可重复验证的。当然，这也同时表明艾尔曼一开始严谨的态度（而非舞台催眠秀中的夸张态度）和作为导师应有的宽容的胸襟（认可这种做法，并允许这位医生将之公诸于众，而不觉他在羞辱或贬低自己）。

可见，催眠实践才能得出催眠真知，探索性的催眠实践才能创造出创新性的催眠技术。当然，如果继续将之提炼成催眠理论，则其影响将更深更持久。

2.1.3 艾尔曼睡眠催眠手法评论

艾尔曼的睡眠催眠技术除了这位医生的探索外，他本人也有许多尝试，并且采用“分级”等方法使被催眠者进入昏迷状态。按照艾尔曼的说法，这种状态十分珍贵，适合无须打麻醉药的外科手术等。

除了睡眠催眠技术，学习者可能还会注意到，艾尔曼还有其他流传于世的技术，比如快速二指法和清醒催眠法等。这些技术都是他经过长期实践摸索和总结出来的，尤其是快速二指法。艾尔曼的催眠速度之快，如同古龙小说里阿飞的剑速，无人不知无人不晓（这算是他个性化的、标新立异的催眠标签）。有一个不太确切的数据，艾尔曼的快速催眠手法往往能在 3 分钟之内催眠超过 85%的被催眠者。换个角度，即便这个数据难以考证，但诸多催眠专业研究者还是愿意相信艾尔曼的快速催眠手法是这个世界上目前为止较为强大、较为有效的催眠引导。

另外，如果学习者把艾尔曼的催眠技术和他的人生以及他的态度融合在一起观察时，将会发现他具有催眠代表性人物所应有的身体力行与知行合一。同时，由他定义的经得起实践检验的催眠概念以及完善由此衍生出来的催眠体系，不仅能使后来者轻松模仿、复制乃至超越，更重要的是，它们已经远离早期舞台催眠秀喧闹的消极影响，而能带来被催眠者更多内心安宁的积极影响。

最后，我们还看到这样一个事实，艾尔曼同另外一位催眠学者 Weitzenhoffer（顶级心理学家希尔加德的好友，曾教希尔加德催眠，并与希尔加德及希尔加德夫人一同创办著名的斯坦福催眠实验室）的经历很相似，都很成功地从舞台催眠师转向更受人尊敬和追随的催眠治疗师，虽然艾尔曼坦言自己一无学历二无职称，但这些恰恰表明他奋斗的足迹。

有人把博士论文写在纸张上，有人把博士论文写在大地上。

2.2 HMI 睡眠催眠手法

2.2.1 HMI 简介

HMI 由 John Kappas 于 1968 年创立，主要为学习者提供催眠培训。该研究所获美国官方认可。

2.2.2 HMI 睡眠催眠操作技术

根据 John Kappas 的专著《Professional Hypnotism Manual》（可翻译为《专业催眠术手册》，即已出版的《HMI 专业催眠师教程》）和其他催眠师的技术操作，这里大致将 HMI 的睡眠催眠技术（部分）脚本整理如下：

……首先是暗示感受性测试：手指分开与手臂轻重。

以手指分开为例：

先来做一个手指分开测试，你不需要刻意配合我，也不需要刻意抵抗我，只让你的身体自然发生即可。如果你听懂我的话，请你点头（催眠师等待观察）。

好，现在将你的双脚平放在地面上，将你的双手平放在大腿上。等会儿，我会轻轻抬起你的手臂，而你只要将你的注意力集中在中指指尖上即可。如果你听懂我的话，请你点头（催眠师等待观察）。

等一会儿，当我放开你的手臂时，你会发现，你的手指开始自然地分开（催眠师等待观察）……

在这一个环节中，催眠师大致在进行一些简单的催眠感受性测试。一般会出现以下几种情况：第一种情况，被催眠者的手指在催眠师的暗示下，较为自然地分开，如此一来，大致可认为被催眠者的催眠感受性较好，接下来的流程也会比较顺利。第二种情况，被催眠者的手指在催眠师的暗示下，较快地分开，这时，催眠师可以适当地让被催眠者停下来，重新开始练习一遍。第三种情况是，被催眠者的手指在催眠师的暗示下，并不分开，或者分开得极为缓慢，这时，催眠师可以适当地介入，无论是认知矫正还是施加影响，都可以尝试了解阻碍手指分开的缘由等，进而更有技巧地使用睡眠催眠策略。

……其次是手臂抬起引导及测试。

过一会儿，你的身体会出现一系列生理反应，当我把它们指出来的时候，你可以动一下左手（或右手）食指来告诉我。如果你听清楚了，请你动一下左手（或右手）食指（催眠师等待观察）。

好的，现在你可以去注意你的呼吸。你会发现，你的呼吸将变得越来越深，同时你的身体也会吸进更多的氧气。这些氧气让你非常舒适。当你开始注意到你自己的呼吸变得越来越深时，你可以轻轻地动一下左手（或右手）食指（催眠师等待观察）。

好的，现在你可以去注意你的嘴唇、咽喉或者你的舌头，你会发现它们开始有一些发干的感觉，你甚至需要做一些吞咽动作。当你注意到这些情况改变的时候，你可以轻轻地动一下左手（或右手）食指（催眠师等待观察）。

好的，现在你可以去注意你的眼睛和眼皮。用心去感受去体会你的眼皮开始变得越来越沉，越来越沉。你会发现你的眼球会在眼皮下轻轻地转动着，是的，轻轻地转动着。当你注意到你的眼球在眼皮下轻轻地转动时，你可以轻轻地动一下左手（或右手）食指（催眠师等待观察）……

与上一环节相匹配，催眠师在大致观察被催眠者的催眠感受性高低以后，在这一环节中开始观察被催眠者在多大程度上会转化成身体运动，也就是学习者经常说的意念运动（参阅本书第5章“念动催眠手法”）。如果被催眠者将催眠师的话语内容较为迅速地转化为身心运动，那么在必要的时候，甚至可以跳跃性地直接推进到催眠加深，继而在适宜的催眠深度水平中进行一定的干预或治疗，有时候也可以进行非治疗性质的影响。如果被催眠者未能较好地将催眠师的话语内容转化为身心运动，那么，与前述一样，催眠师这时或可停下来了解是什么原因阻滞意念运动，必要时可给予适当干预。

按照HMI的催眠技术流程，我们继续往下看：

……你可以用心去体会你的手臂，特别是你的手指尖变得越来越轻盈，像很轻很轻的气球一样，不断地向上飘起来，越飘越高，越飘越轻，越轻越飘（催眠师可以重复3遍或者更多）。

当气球在不断向上飘的时候，你可以听到我的声音，也能听到外界的声音，但所有的声音都不会影响到你，而只会让你更加专注在我的声音上，我的声音将跟随你到任何地方。

好，你做得很好……

类似这样简单的过程，部分催眠师认为可以不断重复，直到被催眠者感觉厌烦为止。这样做出于一定的考虑：当意识厌烦时，潜意识便会接替意识掌控身体。但如果仅仅出于这样的考虑，未免太过于简单，或者未免太过于投机取巧，因为当大部分被催眠者的情绪因此波动时，短时间内未必能迅速恢复，同时还有可能产生一个更为强烈的相反念头：正在催眠我的这位催眠师到底怎么想，难道他不知道此刻我开始烦躁了吗，难道他不知道要视具体情况而定、要对症下药吗（研究者可能有各自不同的理解，其所衍生出来的技术、方法和步骤等也可能存在不同）。

接着往下看：

……催眠师继续引导被催眠者的手臂抬高。

随着你的每一次吸气，你会发现你的手臂会继续向上抬起，并且不断地向你的面部靠近。同样的，随着你的每一次呼气，你会发现你的头也会逐渐地低垂下来。

你的手臂和你的头部的距离将越来越近，越来越近，越来越近……

部分催眠师会在这个地方不断地重复同样的内容，直到被催眠者的手和头接触。如果被催眠者的手和头并不接触，而是停止了，这时候，部分催眠师处理的方法是继续重复同样的内容，直到被催眠者的意识或潜意识按照催眠师的指令行事。也有部分催眠师跳过这个内容，直接进行下一个动作流程。也有部分催眠师会停下来观察，或者简单地干预。

接下来，催眠师将把上述步骤和内容引向睡眠：

……当你的手接触到面部的那一刻，你会听到我对你说“睡着”这两个字。我想告诉你的是，这个“睡着”并非表示你真的睡着了，而是表示你闭着眼睛时身体完全地放松下来。

睡着（部分催眠师会同时给予一个响指）。

从现在开始，只要我对你说“睡着”这两个字的时候，在经你允许为你做催眠时，你都会迅速平静地回到现在这种状态，甚至更深的催眠状态。在更深的催眠状态下，你的身体将完全放松，更深地睡着。

很好，你做得不错……

接下来，则是关于被催眠者手臂放下和加深的催眠内容，大致与手臂上抬相似：催眠师基本在重复直接或间接的、与前述几无太大区别的话语内容。

继续往下看：

……接下来，我会从 1 向上数到 10。当我数到 10 的时候，你会睁开你的眼睛。而当我打一个响指并说“睡着”的时候，你会迅速地闭上你的眼睛，将你的头垂得更低，进入更深的催眠状态，更深地睡着。

如果你听清楚了，请你动一下左手（或右手）食指（催眠师等待观察）。

好……1（仔细观察变化）……2（仔细观察变化）……3（仔细观察变化）……4（仔细观察变化）……5（仔细观察变化）……6（仔细观察变化）……7（仔细观察变化）……8（仔细观察变化）……9（仔细观察变化）……10（仔细观察变化）

在这个环节之后，催眠师一般会开始尝试部分挑战，比如让被催眠者眼睛睁不开，四肢动不了，或者嘴巴说不了话。如果挑战成功，则可以直接进入下一个环节，如果挑战失败，则告诉被催眠者他们的反应很自然，也很正常。

接下来的流程是，或者继续挑战，或者继续加深。也可以添加一些渐进式放松，加快催眠状态的发生。因为催眠引导内容相对比较轻松简单，这里不再重复。

最后的环节是唤醒。

整个过程，催眠师基本上保持一个较为平稳的语调。

需要注意的是，HMI 在多年的催眠教学中，形成了一套比较完善的催眠技术体系，除了上述的睡眠指向的催眠技术外，还有其他诸如误导、快速催眠技术等。学习者如果感兴趣的话，不妨继续深入研究。

2.2.3 HMI 睡眠催眠手法评论

虽然催眠师在催眠引导语中告知来访者所要引导的目标未必都是睡眠，但被催眠者在实际中往往走向睡眠。因此，部分催眠师偶尔也要承担起唤醒被催眠者的任务，让他保持在半睡半醒的状态中。这种技术对整合意识和潜意识内容具有一定的效果（催眠本身所具有的天然效果），因此在行为习惯和症状改善等方面都能产生积极影响。

另外，该技术的优势还体现在易于复制和推广。催眠学习者只要根据上述文本流程，加上现场示范教学，基本就能快速掌握这种技术，其他的提升与训练只要在实践中不断重复即可。

但这恰巧这也是它的劣势之一，因为这种技术往往只能解决部分简单的行为习惯偏差，而对于问题较为严重的症状，似非良策。这也是 HMI 部分技术多年来广受批评的地方。

事实上，这种过度简单的话语重复，还有可能造成另外一个负面影响：那些体验过 HMI 技术但反馈不好的个体，不仅对这种简单流程式的策略感到厌倦，还很有可能从此远离催眠，无论催眠师是否来自 HMI。

2.3 本章小结

睡眠与催眠的区别在后巴甫洛夫时代，被诸多研究者证明是差异较大的两种状态，特别是包括 EEG、核磁共振等新科技的应用，使得研究者更加坚信二者本质上的不同。但不可否认的是，即便存在理论与实证方面的差异，在现实催眠技术操作中，将催眠引向睡眠的这种思路及其指导下的技术依然广受欢迎。

在睡眠催眠过程中，学习者还会发现，除了睡眠指向外，暗示指向与暗示技术也常被用到，而且频率不低。或者可以将两者合并对待，即睡眠与暗示紧密相关：研究者有时利用暗示将催眠引向睡眠，有时利用睡眠将催眠引向暗示。又或者，在睡眠状态中给予暗示，在暗示状态中给予催眠。而有时，暗示还会被替换成明示，即直接告诉被催眠者应该怎么做，等等。

暗示还曾一度被众多研究者视为足以取代催眠的一种核心技术，比如代表性人物伯恩海姆就曾表示催眠就是暗示。之后，伯恩海姆更进一步，不仅坚持没有催眠只有暗示，还提出没有暗示只有自我暗示等。

对此，不妨请阅下一章：暗示催眠手法。

3 暗示催眠手法

在布雷德时代之前，催眠与暗示在认知和实践层面都存在很大重叠，布雷德本人在晚年时也开始提倡催眠之暗示观点，并被诸多后来者所继承，尤以法国南锡学派李厄保和伯恩海姆为代表。尽管研究者对催眠是一种暗示这一论点有不同看法，但整体而言，持赞同态度的研究者占大多数，并且在实践层面，研究者也常基于暗示逻辑和暗示目标去引导催眠操作，所得到的催眠效果自然也是不错，比如保加利亚心理治疗医生及教育家洛扎诺夫（Georgi Lozanov）通过几十年的实践教学及实验，证明暗示催眠手法有助于教学，“将催眠在教学中的应用推向高潮，并获得世界范围内的认可”①，Cole 通过实验发现，“暗示催眠对学生学习有一定的促进作用”②，Barnier 和 Oakley 也认为，“在催眠过程中，催眠师的暗示可以对意识内容产生强有力的影响”③。近年来，Shirley 也指出，“催眠之直接暗示用来治疗恐惧，被催眠者的积极改变较为明显”④ 等。除此之外，暗示催眠在其他应用领域也有不俗表现。

本书认为，暗示与催眠之间的关系，或可用相互缠绕的双螺旋来比喻，即，既可把将暗示技术视为一种催眠技术，也可把暗示状态视为一种催眠状

---

① 张伟诗．试论催眠在教学中的应用——以《大学生心理健康》课程为例［J］．公安学刊（浙江警察学院学报），2017（05）：94-99.

② Cole, R. D. Increasing reading and test taking skills with hypnosis and suggestion[M]. Academic Achievement, 1976.

③ Barnier, A. J., & Oakley, D. A. Hypnosis and suggestion[M]. Encyclopedia of Consciousness, 2009.

④ Barry Shirley. “Direct suggestion hypnosis to overcome long-held fears. A case study.” [J]. Australian Journal of Clinical Hypnotherapy and Hypnosis, 2012, 34(2).

态①，反过来，催眠技术也可以理解成一种以催眠方式呈现的暗示技术，催眠状态也可理解成一种高暗示状态。关于二者的关系，小结部分还将继续深入探讨。接下来本章主要介绍催眠发展史上代表性人物法利亚（Abbé Faria，1756-1819）和伯恩海姆（Hippolyte Bernheim，1840-1919）的暗示催眠手法。

3.1　法利亚暗示催眠手法

3.1.1　法利亚简介

法利亚全名 Abbé José Custódio de Faria，出生于印度 Goa，从小对神学感兴趣，并于 24 岁获得神学博士学位。毕业之后，法利亚像父亲一样从事神父工作。由于当时印度 Goa 正处于葡萄牙殖民统治，而且法利亚也在父母离婚后随父亲搬到葡萄牙，因此，法利亚有时也被人们称为葡萄牙神父，或者印度-葡萄牙神父。

法利亚从小不太自信，他父亲经常对他说的口头禅是："法利亚，这个不难，你能做到的。"后来在葡萄牙女王的皇家布道会上，年轻的法利亚由于过于紧张以至于说不出话，父亲见此情景当机立断地用果阿邦语（Konkani language）"Kator Re Bhaji"（大意为：勇敢一点，布道就像厨房切菜一样简单）暗示鼓励法利亚。此举效果很好，法利亚顺利开始布道。这件事对法利亚影响非常至深，今天我们所熟悉的"睡吧，你做得很好"等词便由此衍生而来，成为法利亚暗示催眠常用语。再后来，法利亚搬到法国巴黎，并在那里继续研究暗示催眠的同时，也逐步开始他关于神秘主义的研究。彼时，巴黎人们对麦斯麦及麦斯麦术的追逐依旧火热，虽然生物通磁术中所谓的磁线被富兰克林等人证明为虚假，但人们依旧热衷于与之相关的诸多神秘现象的催眠阐释与解读，所以，这在很大程度上为法利亚提供了一个广阔的时代热土。法利亚于是也和前辈麦斯麦一样，广受上层社会特别是贵族女性的欢迎，当然，后来也和麦斯麦一样，因声名鹊起而遭受利益相关方特别是同行的猜忌和排挤。同行们嘲笑这位自称印度婆罗门的贵族实际上只是一个外来的骗子，并且联起手来诬告他与魔鬼合作、借用魔鬼力量，等等。这种无中生有的诬告

① 催眠状态一般可视为三种核心状态组成，分别是高集中状态、高暗示状态和高反应状态。这三种状态有时也简称为"三高状态"。

自然对一个神父产生极大杀伤力，也在很大程度上加速损耗他的生命，虽然他同样据理力争——只要被催眠者拒绝配合，催眠师就没有任何办法，但这样的辩解只是徒增更多的耻笑罢了。在这种反对他的风潮中，也有当时的一些著名人物参与进来，比如著名作家儒勒·凡尔纳（Jules Verne）就以喜剧来嘲讽法利亚，而大仲马（Alexandre Dumas）则持赞同态度，他在著名的《基督山伯爵》中以法利亚为原型，塑造了一位同名的、智慧的、善良的法利亚长老。

印度 Panjim 城市中心广场上著名的法利亚纪念雕像，下面镌刻着“法利亚，暗示催眠创始人”①（图片源自 Wikipedia）

彼时，麦斯麦术及其麦斯麦运动依然呈现滚滚态势，但法利亚不为所动，在立场坚定批判麦斯麦术的同时旗帜鲜明地表达他的暗示观点。正如研究者 Perry 所指出的那样，“法利亚用简单的暗示方法取代了复杂的磁力运动程序（生物通磁术），只是要求被催眠者闭上眼睛，同时把注意力集中在睡眠上即可”②。

① 原字样为：Jose Custodio，Abbe Faria，fundador do metodo de hipnose pela sugestao（英文为：Founder of the method of hypnotism by suggestion）.

② Perry，C. The Abbé Faria：A Neglected Figure in the History of Hypnosis[M]. Hypnosis at its Bicentennial. Springer US，1978.

这种尝试虽然在个体层面获得较大成功，但与麦斯麦术影响相比，实在微乎其微甚至可被忽略，这也是法利亚不怎么为后人熟悉的重要原因之一。不过，法利亚的思想还是深刻影响了布雷德、李厄保、伯恩海姆、沙可、库艾等人，并被催眠史上核心人物、集南锡学派和巴黎学派之大成的让内（Pierre Janet，1859-1947）视为暗示（南锡）学派的真正始祖，也被部分研究者认为他为科学催眠的本质解读奠定重要根基。所以，研究者 Melvin Gravitz 称“法利亚是第一个真正了解催眠现象之生理及心理的探索者”①。

之后，2014 年，在他的出生地印度 Goa，研究者还专门举行一场研讨会，庆祝法利亚诞辰 258 年，并赞誉其为催眠之父。这种说法在一定程度上是可行的。

3.1.2 法利亚暗示催眠操作技术

由于法利亚生前著述不多，印度本土研究者也较难找到法利亚作品的相关资料，况且原本计划撰写的一些著作尚未完成，法利亚便在孤独和误解中离世。印度 Chandigarh 医学教育研究所荣誉教授、为法利亚作品《清醒睡眠的原因》（De la Cause du Sommeil Lucide）撰写序言的 N. N. Wig 就曾指出，该书直到法利亚离世当天才出版。除了资料缺失外，语言不通也是获取法利亚暗示催眠技术的一大障碍——法利亚习惯使用法语或葡萄牙语。不过，根据多位研究者的回顾，我们大致可知道法利亚使用的是睡眠指向的暗示催眠技术。法利亚本人对此常用的表述是“lucid sleep”，直译为“清醒睡眠”，强调他关于催眠并非源自磁流而是由特殊的心理或生理引起的观点，这种观点与麦斯麦的观点相比较，显然更胜一筹。

我们不妨先来看看研究者 Maria-Suzette Fernandes-Dias 关于法利亚的暗示催眠观察：

> 法里亚的暗示手法以多种方式呈现。
>
> 他有时会询问病人是否想要一种特定的饮料或药物，然而却给他们一杯普通的水，并暗示他们这就是他们想要的饮料或药物。病

① Melvin Gravitz. Carrer, L. Jose Custodio de Faria; Hypnotist, Priest, and Revolutionary. Victoria, BC, Canada: Trafford. Reviewed by Ian E. Wickramasekera II, Psy. D. [J]. American Journal of Clinical Hypnosis, 2007, 50(1): pp. 85-86.

人们尝起来好像真的一般。法利亚也能影响他们的嗅觉。例如，有些病人想要鼻烟，法利亚便会拿出一些无味的粉末给他们嗅。病人们也会觉得这好像就是鼻烟。

有一次，Noizet 回忆道，一位住在巴黎的俄罗斯官员走近这位法利亚神父，希望法利亚能让他“看到”他的俄罗斯妻子。法利亚通过他的暗示方法，创造了如此逼真的幻觉，以至于这位官员开始高兴地哭泣起来。

再来看看研究者 Shridhar Sharma 的观察：

法利亚经常舒适地坐着，同时让被催眠者也同样地坐着。法利亚会对被催眠者说道“闭上眼睛，想象你自己睡着了”。而当被催眠者平静下来的时候，法利亚便会大声叫喊起“Dormez（睡眠）”，然后这位被催眠者就会很快进入清醒的睡眠状态（催眠状态）。

当被催眠者真正进入清醒的睡眠状态（或称催眠状态）后，法利亚就会继续他的暗示治疗或者暗示影响。

这里，学习者需要注意的是，之所以没把法利亚的暗示催眠手法放在本书第 2 章“睡眠催眠手法”的章节中，是因为法利亚的贡献以暗示著称，而非以睡眠著称。另外一个更为重要的原因是，在科学催眠创建前后，睡眠催眠与暗示催眠往往被使用者混合着交替使用（也有可能因为诸多原因导致他们不想区分或者没能区分清楚），最为典型的莫过于麦斯麦的生物通磁术，也是利用睡眠指向的暗示（或明示）技术进行“通磁”。

接下来是法利亚的第二种方法：

法利亚有时也会要求被催眠者注视他（法利亚本人）的手，并从远处慢慢地靠近被催眠者，直到手掌快要接触到那个被催眠者的眼睛。这时，基本上可以发现那位被催眠者迅速地进入清醒的睡眠状态（催眠状态）。

这里，很显然，法利亚使用了睡眠指向的凝视催眠法。根据研究者 Gezundhajt 的描述，“当法利亚强行要求被催眠者睡觉时，他们会感到浑身发抖”[①]，继而迅速进入状态。细心的学习者可能会发现，在这种技术的引导下，坐在法利亚面前的这位被催眠者的表现与麦斯麦磁流引导下的患者十分相像，或者等同。

法利亚的第三种方法如下：

> 法利亚也曾采用经常触碰被催眠者的牙周区、鼻梁、上腹部、膝盖和脚等部位，从而促使被催眠者慢慢地入睡。
>
> 如果第一次试验没能引起被催眠者的睡眠，法利亚就会不断地重复下去。如果第四次的睡眠尝试也失败了，法利亚就会宣布这个人没有能力进入清醒的睡眠状态（催眠状态）。

按照法利亚的理解，人群中约有五分之一的人可以被引导进入清醒睡眠状态，进而在暗示作用下发生四肢、眼睛或舌头等麻醉现象。另外，我们发现，法利亚有时也会采用与宗教相结合的方法将被催眠者导入催眠状态，比如利用忏悔。因他本人的本职工作是神父，因此，这种未必要导入类睡眠状态的清醒暗示往往也能起到良好效果。

最后，与麦斯麦外貌相似，这位皮肤黝黑的老人身材亦相当高大，双眼炯炯有神，带给被催眠者的直觉也是充满了无限魅力，所以，有时法利亚的暗示催眠手法是：采用权威口气直接命令。

3.1.3 法利亚暗示催眠手法评论

第一，在理论方面，法利亚提倡的暗示（虽然并非唯一）是对麦斯麦所谓的磁流与磁疗的有力反驳。他还将催眠状态下的各种异常现象归之为贫血状态（只要脑子里充满血液，人们就无法入睡）和暗示感受性状态，而且引发这个结果的过程就是一种心理暗示过程。另外，平静是进入这些状态的基本条件之一。法利亚也对梦游和人格进行一定程度的划分，虽然并未得到严格的实证。此外，他还基于神经系统差异，提出女性比男性更加容易受暗示

---

① Gezundhajt H. An evolution of the historical origins of hypnotism prior to the twentieth century: Between spirituality and subconscious[J]. Contemporary Hypnosis, 2007, 24(4): pp. 178-194.

(有可能因为女性忏悔行为比男性多)，每个人在不同时间很有可能表现出不同的心理感受性（即催眠易感性)，以及暗示并非导入催眠状态的唯一因素等。

第二，在暗示理论指导下的暗示催眠技术是有成效的，比如他曾“治愈超过5000例个案”[①]，并且这种治疗总能带给被催眠者在生理和心理方面较为明显的改变，可见，他的暗示催眠手法经受过一定的检验。

第三，十分重要的是，法利亚将暗示或催眠视为一种正常过程，而不是麦斯麦所言的超自然过程。这在催眠理念层面具有一定的先进性。

第四，虽然夹杂诸多在今天看来依然带有较大迷信成分的内容，或者夹杂着非暗示催眠成分，但整体而言，法利亚的贡献是值得铭记的。

最后，不妨用两位研究者的评论来结束本小节。第一位研究者 Perry 指出：“法利亚的贡献是基于对引导程序的彻底革新……催眠发生取决于个体的内在能力，这与磁学观点是相矛盾的。”[②] 第二位研究者 Buyanov 则指出：“法利亚之所以伟大，不仅因为他毫无畏惧，更因为他为真理而战。”[③]

所以，人们也亲切地称呼这位暗示催眠先驱为“印度之子”。

3.2 伯恩海姆暗示催眠手法

3.2.1 伯恩海姆简介

伯恩海姆全名 Hippolyte Bernheim，是催眠发展史上的重要人物，对催眠发展起到关键转折作用，同时他也是一位有着世界影响力的心理治疗师。

伯恩海姆出生于法国 Mulhouse，逝世于巴黎。医学博士毕业之后，他长期在南锡学院（后来的南锡大学）工作。在这期间，他受到乡野医生李厄保的影响，对催眠发生浓厚兴趣，并带着病人前往李厄保那里接受治疗。当他发现李厄保医生的催眠治疗效果十分理想时，遂拜李厄保为师，向他学习催

① Roberts, Margaret. Abbé Faria (1756-1819): From Lucid Sleep to Hypnosis[J]. American Journal of Psychiatry, 2016, 173(5): pp. 459-460.

② Perry C. The Abbé Faria: A Neglected Figure in the History of Hypnosis[M]. Hypnosis at its Bicentennial. Springer US, 1978.

③ Buyanov, Mikhail. A Man Ahead of His Times[M]. Mir Publishers, Moscow, 1989.

眠技术。这在当时是一件值得称赞的事，反过来也证明了伯恩海姆的独具慧眼和李厄保的独具魅力。之后，李厄保和伯恩海姆两人共同创建催眠之南锡学派，并与沙可（Jean Martin Charcot，1825-1893）领导的巴黎学派展开针锋相对的学术论战。

伯恩海姆（图片源自 Wikipedia）

在著名的南巴论战过程中，伯恩海姆承担起了主要的学术任务和先锋角色，不仅在理论、技术、影响力、文本专著等方面全面超越他的老师李厄保，乃青出于蓝而胜于蓝，成为南锡学派最主要的领导人，同时让老对手沙可节节败退。从很大程度上而言，南锡学派和巴黎学派的论战，其实就是伯恩海姆和沙可两人的正面交锋。从后期看，他们的交锋直接关系到科学催眠今后的发展走向。我们简要来看看他们各自的催眠观点。

沙可提倡催眠之病态说，认为催眠是歇斯底里的表达，能被催眠的人基本上可视为歇斯底里病人，而伯恩海姆则坚持催眠之暗示说，并且认为催眠是一种纯心理的过程和结果。正如催眠学者 Weitzenhoffer 所言，“伯恩海姆较早明确指出在没有催眠的情况下，所有催眠现象都可以通过暗示产生。他最出名的或许是他的那句格言‘没有催眠，只有暗示’……催眠可通过适当暗示产生动力，进而启动心理及生理变化，促使自我意识参与的减少和越来越复杂的自动化增多。"① 后来者 Guilloux 也持类似观点。②

伯恩海姆的暗示观点后来在巴黎首届国际催眠会议上，受到与会者的广泛认可，而沙可的病态催眠观点则退出历史舞台，即便大会同时对伯恩海姆的暗示论提出诸多疑问。比如 Bechterew 质疑道："伯恩海姆的观点是片面的，催眠并不完全是一种暗示。相反，它应该被看作是对睡眠的一种特殊的改变，它可以通过生理和心理两种方式引入。"③ Weitzenhoffer 也认为，"关于伯恩海姆所强调的暗示的非自愿性在现代研究中基本上被忽视……这种失败可能意味着现代研究方法所定义的催眠并非伯恩海姆和他的同时代研究者最初研究和描述的同一个实体。"④

值得一提的是，伟大的心理学家弗洛伊德曾为学习催眠理论与技术，从维也纳赶到法国师从伯恩海姆和沙可。Gelfand 对此指出："总的来说，南锡学派所使用催眠暗示手法作为治疗的先例在维也纳的从业者中也是占主导地位的，这些从业者中包括弗洛伊德。"⑤ 虽然弗洛伊德后来放弃了催眠，但伯恩海姆和沙可两人的学术观点和技术操作对弗洛伊德创建精神分析影响非常之大，本书作者将在其他文本中专门给予阐述。

3.2.2 伯恩海姆暗示催眠操作技术

这是来自伯恩海姆《暗示治疗学：催眠术的实质及其应用》中的暗示催眠技术：

首先，对被试说："我相信使用暗示治疗法一定会带来益处，那就是可以通过催眠术让他的疾病得以治愈或缓和，并且它不会带来

---

① André M. Weitzenhoffer. What did He (Bernheim) Say? [M]. Hypnosis at its Bicentennial. Springer US, 1978.

② Guilloux, C. The landscape of hypnosis in france in the twentieth century[J]. Contemporary Hypnosis, 2008, 25(1): pp. 57-64.

③ Bechterew, & W., V. What is hypnosis? [J]. The Journal of Abnormal Psychology, 1906, 1(1): pp. 18-25.

④ André M. Weitzenhoffer. What did he (Bernheim) say? [M]. Hypnosis at its Bicentennial. Springer US, 1978.

⑤ Gelfand, T. Sites of the unconscious: hypnosis and the emergence of the psychoanalytic setting by andreas mayer[J]. Bulletin of the History of Medicine, 2015, 89(1): pp. 142-143.

任何伤害或危险。它可能会让普通人睡上一觉或者产生麻痹，这种平和的有益的状态可以恢复神经系统的平衡。”

其次，对被试说：“看着我，除了睡眠不要想别的事情。你的眼皮开始感到沉重，你的眼睛感到疲劳。眼睛会开始眨动，然后变得湿润，你开始视线模糊。最后眼睛会闭上。”有些被试会闭上眼睛立刻入睡。对于其他的被试，要重复上述的话，并且在说话时加重语气，有时甚至会辅以动作。至于做什么动作倒不会对结果产生太大影响。将右手两指放在被试眼前让被试看着它们，或者在他们眼前挥舞双手几次，又或者让被试凝视着操作者的眼睛，同时努力地将注意力集中在入睡的念头上。

接着，对被试说：“你的眼睛已经闭上了，你无法再睁开它们。你的手臂感到沉重，你的腿脚也是这样的感觉。你无法感知到任何事情。你的手掌无法移动。你无法看到任何事物，你马上就会入睡。”

然后以命令的语气补充到：“睡觉!”

“如果被试没有闭眼或者没有保持闭眼，不要要求他们在一段时间内凝视操作者的眼睛或者操作者的手指，因为有时被试会一直圆睁着眼睛，如果这样的话，不仅不会让被试产生入睡的想法，反而只会让被试因为僵直而保持凝视。在这种情况下操作者可以用手合上被试的眼睛，这样取得的效果会更好。在凝视被试的眼睛一两分钟后，缓慢轻柔地合上被试的眼睑，速度要慢，以此模仿自然入睡的过程。”

最后，闭上他们的眼睛，然后重复暗示：“你的眼皮牢牢地粘在一起；你无法睁开它们。想入睡的欲望越来越强烈，你无法再抵挡这样的欲望。”

“逐渐放轻声音，重复这样的命令——‘睡觉’。

通常在三分钟内就可以让被试入睡或者进入一定程度的催眠状态。这就是由暗示引起的睡眠——一种由操作者对思想的潜移默化而引起的睡眠。挥舞手掌或者凝视操作者的双眼或手指仅能够让注意力集中，但是它们并非是催眠所必需的。”

有些被试不会轻易地让别人控制自己，就要不断地和他说话，不断地重复同样的内容。有些时候，如果被试已经受到了暗示的影响，操作者可以让被试保持这种近似昏睡的状态，不用再试图加深这种状态。另外，操作过程中可能伴有暗示性僵硬的症状，甚至有时会出现梦游的症状。

● 结束时，对被试说："结束了，醒来吧。"

"你的眼睛会睁开，你要清醒了。"如果这不起效，可以对着被试的眼睛吹气一到两次来叫醒他（必要时可加上）。

有些被试在清醒后仍然会感到睡意沉沉。只要操作者在他们眼前挥舞手掌一到两次，他们的这种睡意就可以被驱散了。有些被试会抱怨头部有沉重感，或者头部出现钝痛或眩晕。为了避免这些不适，操作者可以在叫醒被试前对被试说："你将会清醒，清醒后你会感到非常舒适。你的头部不会感到沉重，你会觉得通体舒坦。"这样被试醒来后就不会有任何不适。

与上述催眠技术相匹配，伯恩海姆将被催眠者的受暗示程度分为九个阶段，呈现逐级加深之势。越往后，被催眠者的催眠症状将会表现得越发明显，比如到第六阶段，被催眠者多少会表现出一定的顺从，或者自发地服从于催眠者。这也是以伯恩海姆为代表的南锡学派坚持催眠能够导致犯罪的原因之一，而如果继续往后，被催眠者很有可能出现记忆缺失和幻觉等症状。伯恩海姆正是利用这些不同阶段的症状表现去验证病人的暗示状态，并在相对应的阶段中给予适当性的治疗。

学习者不妨一起来看伯恩海姆日记里关于歇斯底里个案的治疗：三次暗示即使对方完全被治愈。同样来自《暗示治疗学》：

42 岁的某妇女 E. M，在 1884 年 11 月 4 日入院。她的肩膀等部位在过去一个月出现疼痛。卧床八天。

在 11 月 1 日和 2 日的夜间，两次微弱复发，伴有意识失去。病人无法进一步详述。在 3 日晚 8 点，出现剧烈的腹上部压抑感，并失去意识，持续整晚。

6 日。我们注意到：体质虚弱。没有发热。脉搏 68，规律而平均。神智清楚。心肺正常。胃口不好。能够吃肉。腹部轻微地膨胀。从前天起出现便秘。腹部压痛，尤其在脐下。

……

施行催眠。第三程度。暗示。在清醒后，手指触觉恢复。

7日。脊柱和腹部疼痛轻度持续。在新的暗示后全部消失。

8日。前臂中部再次出现感觉缺失，还有痛觉缺失和肌肉觉缺失。右脚的情况也相同。脊柱疼痛没有复发。昨晚睡得更好。催眠暗示。在清醒后，对疼痛的触觉，肌肉觉在全身都恢复了。

9日。感觉持续。睡眠好。胃口好。

10日。情况仍然很好。右手用测力计显示是15，催眠暗示后是31。左手在暗示前是20，之后是30。

11日。非常好。右手在之前是36，催眠后是38。左手在催眠前后是31。在14日，右手是39，左手31。病人的情况持续良好，希望出院。

除了歇斯底里的治疗，伯恩海姆还指出，暗示催眠也可以治疗神经官能症、胃肠疾病、各种疼痛的疾病、风湿疾病、神经痛、月经问题等。根据Bartlomiej Piechowski-Jozwiak[①] 等人的考证，伯恩海姆在与李厄保的合作中，利用暗示催眠技术共同治疗了3万多人。如果这一数据完全属实的话，那么，学习者完全有充足理由相信伯恩海姆暗示催眠技术的正确性。如果这一数据不完全属实的话，学习者也有足够理由相信伯恩海姆暗示催眠技术具有一定的疗效性，因为类似的数据还来自他的自我介绍，以及弗洛伊德等人的回忆等。对于这些类似的数据，研究者大致也是认可的。

这里，我们有必要顺带介绍南锡学派创始人、伯恩海姆的催眠启蒙老师李厄保，以及南锡学派另一著名成员莫尔（Albert Moll）。他们均为暗示催眠的拥护者和践行者。

李厄保全名Ambroise-Auguste Liébeault，早年在神学院学习，后来转为医学学习，并获得斯特拉斯堡大学（Université de Strasbourg）医学博士学位，之后在乡下行医。一开始为了营业，也为了吸引病人，李厄保采用免费方式进行催眠治疗，这一举措吸引了大量贫穷农民前来，同时也为他不断优化的催眠探索提供辽阔天地。之后，李厄保搬到南锡行医，并为伯恩海姆教授打开通往催眠世界的大门（或者说伯恩海姆从他那里获得了催眠入场券）。

---

① Piechowski-jozwiak B , Bogousslavsky J . Hypnosis and the Nancy quarrel[J]. Frontiers of Neurology & Neuroscience, 2014: pp. 35-59.

李厄保的催眠技术实际上也不难，主要也是利用暗示指向睡眠，并在类睡眠状态下给予暗示治疗。不过，由于他对催眠时机和病人心理的把握较为精准，因此治疗效果往往较好。另外，李厄保也并不完全拘泥于传统的治疗方法，有时也表现得较为灵活，比如利用巫术暗示治疗巫术诅咒等。同时，他也与莫尔，以及南锡学院的法学教授等人进行大量的催眠试验：一方面主要用来探索暗示催眠机制，优化暗示催眠效果，另一方面也用来验证李厄保自己内心深处的磁力思考。李厄保在这一方面的探索似乎从未真正放弃，即麦斯麦术中是否存在磁流，虽然布雷德对他的影响更大。

南锡学派另一重要成员莫尔在获得医学博士学位后，在柏林开设私人诊所。莫尔也曾向沙可和伯恩海姆等人学习催眠，但他对沙可控制式催眠表现得很不满，而更倾向于南锡学派的暗示手法。

除了与李厄保等人进行过大量的催眠试验外，莫尔也和伯恩海姆及沙可一样，经常担任法庭上的催眠专家证人。比如在作家兼催眠师 Leo Erickson 强奸女服务员一案中，虽然莫尔最后的证词被认为无效，但事实上，证词无效这种现象也经常发生于神经病学权威沙可及心理疗法创始人伯恩海姆身上。或者说，这是一个时代及文化背景下的常见现象。之后，莫尔的影响迅速下降，如研究者 Maehle 所言，“莫尔的催眠影响很快就被新的、非催眠疗法所掩盖，特别是弗洛伊德的精神分析”①。事实上，并不仅仅限于莫尔，伯恩海姆、李厄保和沙可等人也在弗洛伊德勃勃生机的光芒下逐渐黯淡，以至于后世研究者对他们的研究少有问津，除了那位既不偏向沙可也不偏向伯恩海姆、但博采沙可和伯恩海姆之长、同时常被人们误认为是巴黎学派成员的、也足以与弗洛伊德抗衡的、至今越来越受到研究者重视的让内（参阅本书第 4 章“解离催眠手法”）。

3.2.3　伯恩海姆暗示催眠手法评论

在技术方面，伯恩海姆的暗示催眠技术并不太难，属于较容易复制也较容易推广的一种，但其背后的理论探索却不简单。对此，我们或可用这样的一种思路来观察理论与技术的关系：学习者有时常对种类繁多的催眠技术感到眼花缭乱，或者难以判断所用技术是否属于催眠技术等，主要原因还在于

---

① Maehle A H . The powers of suggestion: Albert Moll and the debate on hypnosis[J]. History of Psychiatry, 2014, 25(1): pp. 3-19.

无法在理论上完成对催眠技术的清晰界定，而伯恩海姆却在这一方面付出心血，并取得短暂辉煌。

伯恩海姆对一种新心理疗法的创建同样充满着雄心壮志。

学术生涯早期，伯恩海姆坚持将催眠视为暗示（或类睡眠），如其所言，暗示可以引导出大部分催眠现象，暗示是催眠的关键所在。但是到了学术生涯后期，伯恩海姆开始否认催眠，认为暗示远比催眠的范围更广（对此，不同学者存在不同视角和不同结论），进而提出暗示的本质是自我暗示，比如在睡眠催眠过程中，被催眠者之所以愿意睡去，是因为强烈的念头出现在他的观念中，而催眠动作或者催眠引导只不过激活或推动这种念头而已。因此，更为本质的是自我暗示。这一思想被新南锡学派成员完美地继承下来，并产生更为辽阔的影响。虽然在学术后期不断否认催眠，但伯恩海姆终究作出了不起的贡献，一是将暗示催眠推上世界历史舞台的同时阻滞了催眠走向病态研究范式的可能（或称为沙可取向），二是为现代安慰剂的发展奠定了一定的基础。

本书认为，自我暗示和自我催眠并无本质上的区别，可以将自我暗示和自我催眠都理解为一种深度沟通，在临床治疗领域则为治疗性沟通，在教育领域为指导性沟通，在体育领域为竞技性沟通，在商业领域为消费性沟通，在实验领域则为验证性沟通等。当然，这种沟通与普通沟通存在区别：深度沟通与潜意识或本能、与固着状态打破、与创新创造等息息相关。另外，自我暗示也可细化为：自我激活。对此，学习者可参阅本书最后一章“建构催眠手法”。

3.3 本章小结

本章主要介绍法利亚和伯恩海姆的暗示催眠手法。在具体实践中，学习者会发现，暗示是一个比较广泛的概念，可以细分为十几种不同角度的具体技术，比如，直接暗示、间接暗示，自我暗示、他人暗示，个体暗示、集体暗示，正面暗示、负面暗示，内容暗示、过程暗示或者催眠前暗示、催眠后暗示等，但学习者需要记住的是，无论暗示怎么变化或者暗示被赋予何种名称，它都是通过间接而非直接的方式达成效果，否则就成为明示。而学习者继续深入观察将会发现，程度较浅的暗示一般可视为常见性质的暗示，而程度较深的、特别与生理反应相关较大的暗示则可视为催眠（即具身催眠）。这也是两者常常容易让人混淆的地方。另外，催眠的发生既可通过暗示促成，也可不用暗示，反过来，催眠也可能减少暗示性，或者增加暗示性等。

所以，上述法利亚的暗示催眠大致相当于一种指向类睡眠状态下的初始暗示，而伯恩海姆的暗示催眠则在此基础上更进一步，大致相当于一种指向更为纯粹的心理疗法的深度暗示（无论被催眠者是否处于睡眠或类睡眠状态）。

而如果学习者再进一步观察同样也将发现，暗示既然属于一种间接的方式或方法，那么，是否意味着暗示也可理解为一种相对意义上的解离呢?

解离也曾与暗示一样，在催眠发展史上一度被视为催眠本质。

请阅下一章：解离催眠手法。

4 解离催眠手法

除了暗示以外，没有哪种手法比解离手法在催眠领域里更受重视了。正如研究者 Whalen 和 Nash 所指出的那样，“自 19 世纪末的动力精神病学（dynamic psychiatry）和实验精神病理学（experimental psychopathology）以来，自动发生的解离症状学一直与催眠联系在一起，理论家认为这两种现象具有相似（有时甚至相同）的心理机制”①。

所谓解离，按照让内的理解，它是指“某些通常与其他功能相结合的心理功能在意识知觉或记忆回忆范围之外，以一种更分隔或更自动的方式运作的过程”②，“用于解释因创伤事件或催眠而导致意识分裂（splitting）的过程。”③④⑤⑥ 按照这样的逻辑，是否意味着前一章所言的暗示之间接模式正契合解离发生之机制？

本章主要介绍初始解离创始人让内（Pierre Janet，1859-1947）和新解离创始人希尔加德（Ernest Ropiequet Hilgard，1904-2001）的解离催眠手法。

---

① Whalen，J. E. ，& Nash，M. R. . Hypnosis and Dissociation[M]. Handbook of Dissociation. Springer US，1996.

② Hart O V D，Horst R. The dissociation theory of Pierre Janet[J]. Journal of Traumatic Stress，1989，2(4)：pp. 397-412.

③ Bob，P. Psychophysiology of dissociated consciousness[M]. Current Topics in Behavioral Neurosciences，2014.

④ Esmina Avdibegović. Contemporary concepts of dissociation[J]. Psychiatria Danubina，2012，24(3)：pp. 367-372.

⑤ Whalen，J. E.，& Nash，M. R. Hypnosis and Dissociation. Handbook of Dissociation[M]. Springer US，1996.

⑥ Bob，P. Subliminal processes，dissociation and the ́i ́[J]. Journal of Analytical Psychology，2003，48(3)：pp. 307-316.

4.1 让内解离催眠手法

4.1.1 让内简介

让内（图片源自 Wikipedia）

催眠领域里的“皮埃尔·让内临床领域杰出贡献奖”是专门以让内的名字命名的奖项，可见让内在专业研究者心里所具有的分量，也可见让内催眠研究对临床治疗的重要性，何况让内还因博大精深的心理治疗思想和难得一见的心理治疗技术被众多研究者公认为催眠史上乃至心理学史上的核心人物。Putnam 指出“让内对解离性精神障碍的理解作出了许多重要贡献，这源于他在哲学、心理学和医学方面的求索。他是一个追逐宗教甚至神秘的人，他用精确的观察和严格的文献记录了他毕生对精神病理学的研究……他是第一个阐明解离性疾病的临床原则，并系统探索精神分裂行为背后的创伤记忆的人。他率先使用精神宣泄和年龄倒退催眠治疗技术，以探索隐藏的创伤。我们对解离性疾病及其治疗的临床理解在很大程度上源于一个世纪前让内的仔细和深思熟虑的研究”[①]。与此同时，研究者 Hart 和 Horst 也认为，“让内是第一个清晰而系统地表明解离是如何最直接地对巨大创伤经历进行心理防御的。他证明了解离现象在创伤后应激反应中所起的重要作用，这包括在 19 世纪广受关注的歇斯底里的诊断”[②]。其后，研究者 Stein、Baldwin、Dolberg、Despiegel 和 Bandelow 继续指出，“让内是第一个把梦游症描述为一种现象的人，在这种现象中，两种或两种以上的意识状

① Putnam, F. W. Pierre janet and modern views of dissociation[J]. Journal of Traumatic Stress, 1989, 2(4): pp. 413-429.

② Hart, O. , & Horst, R. The dissociation theory of pierre janet[J]. Journal of Traumatic Stress, 1989, 2(4): pp. 397-412.

态被健忘症的裂痕所分离，并且似乎彼此独立运作。”①

接下来，我们大致来了解一下让内的生平。

让内于1859年出生在巴黎，从小受父亲影响，性格内敛，带有一定程度的神经衰弱。这种神经衰弱在很大程度上注定了他今后走向心理学特别是心理治疗之路。

让内对舞台催眠技术也很喜欢，这从他青年时代的催眠技术尝试可以明显看出来。不过，他最初也同其他研究者一样，沉浸于麦斯麦术神奇的磁化影响，并且乐此不疲。但因性格和学术训练等原因，他更多从科学视角对女病人 Leonie 进行大量催眠试验，之后将之整理成文本发表出来，从此广受其他研究者关注。

之后，让内勤勤恳恳呕心沥血地借由探索病人的精神世界来探索自己的内心世界，并与弗洛伊德在一些概念的首创方面发生连续不休的争论。这些争论一方面促使他更为深入地探索潜意识，另一方面也扩大了弗洛伊德精神分析的影响。同样，在这一过程中，他遇见了伟大的神经病学家沙可，并在沙可的大力支持和指导下，进一步开展他的催眠研究，以及解离体系的创建。

令人遗憾的是，这位谦谦有礼、情感丰沛、学术严谨、集南巴之大成者，在离世前立下遗嘱，将5000多个病人档案（占了一个屋子）一起焚毁。这为后人全面研究他的催眠技术带来一定的困难，虽然让内的诸多催眠技术通过他自己的专著整理出版，但与现场详细的催眠技术操作还是有一定差距的，何况让内本人一直不太愿意抛头露面，更对向内探索自己内心世界的临床治疗保持一种低调姿态，所以，今天的我们大致依据其他研究者的描述来还原其解离催眠手法（同时也因为本书作者看不懂法文，这限制了进一步了解的可能性）。

4.1.2 让内解离催眠操作技术

以下是心理史学家艾伦伯格②几十年的考证，点滴之间可以窥见让内催眠

① Stein, Dan & Baldwin, David & Dolberg, Ornah & Despiégel, Nicolas & Bandelow, Borwin. P.4.d.002 Which factors predict placebo response in anxiety disorders and major depression?. European Neuropsychopharmacology - EUR NEUROPSYCHOPHARMACOL, 2006, 16 (2), p.468.

② 亨利·艾伦伯格，著有《让内与阿德勒》（世界图书出版社2015年版）。这本书是我们全面了解让内思想和生平的重要著作之一，内容详细可靠，分析有理有据。

治疗的轮廓。

首先，是技术原则，如下：

第一，必须在没有旁人的情况下，亲自检查病人。

第二，翔实记录病人的一言一行。研究者因此称让内为铅笔博士，称让内的记录为铅笔哲学。

第三，详细询问病人完整的生活史和过去接受过哪些治疗。

其次，是解离技术。

让内通过对 Leonie 的实验发现，催眠可带来解离，即催眠状态下可能出现多种身份识别障碍（即多重人格）：本来可能就已经存在的或者清醒状态下隐藏起来的子人格在催眠状态下被唤醒了（这也是让内之所以称潜意识为储存宝藏的仓库的原因之一）。判断的大致标准为被唤醒后的患者未必知道催眠状态下的子人格现象，或者相关记忆在催眠状态下才能被唤醒等。

另外，解离可以带来感觉缺失。感觉缺失也反过来证明解离的存在。让内在《心理自动现象》中这样描述：

我一开始对患歇斯底里的病人玛丽（Mary）的治疗介入较少，最多对她做一些催眠试验和对她的感觉缺失现象进行研究，但我避免在她大发作时施以任何可能的干扰的处置。

在住院的第八个月末，她哀伤地带着一抹绝望的神情说道，她的症状将无止境地持续下去。

“哦”，我好奇地问她，“你可以告诉我你的症状即将出现时，会发生什么样的状况吗？”

“可是，你知道的……在那时候，似乎什么事情都停滞了，随后我就会大幅地颤抖，接下来的事我就完全不知道了。”

我想更准确地掌握她月经周期是如何开始和中断的，但她无法给我明确的答案，而且对于我问她发生过的事件似乎都忘了。我突然想到，从过去的经验看来，如果将她推进深度的梦游状态，那就有可能找回她失去的记忆。

以此方式，我果真恢复了她对一件迄今为止从未被完整忆起的事件的完整回忆。

……

我尝试如同先前治疗的做法，带她回到那让她深受惊吓的孩子，使她相信那孩子十分完好，并没有长脓包（一开始时，她半信半疑。只有在重新经历当时的情景两次之后，才完全发生作用）；她毫无畏惧地轻抚那想象出来的小孩。

我叫醒她后，左眼的视力毫无困难地恢复了，Mary 的左眼自此可以清楚地看见东西了。

最后，是自动书写。让内的操作技术是这样的：

将一支铅笔放在病人手上，在病人身后轻声问他问题。

当手开始书写时，让内问道“你是谁?”

他用写字回答：“魔鬼”。

让内又问他“我们可以一起谈谈吗”，并且为了证明他真的是魔鬼，让内要求魔鬼让病人违抗自己的意志举起自己的手臂。

这点毫无困难地完成了。

他更进一步要魔鬼使病人违抗自己的意志，让自己被催眠。一旦被催眠之后，病人就能开始回答问题，诉说自己的故事。

对于让内更详细的解离催眠技术，学习者不妨期待他更多法文作品的翻译。

4.1.3 让内解离催眠手法评论

从专业派别上看，让内并不单独属于强调暗示的南锡学派，也不单独属于强调病态的巴黎学派，而从他与南锡学派领军人物李厄保和伯恩海姆的争论，以及他对巴黎学派领军人物沙可及其弟子等关于磁化催眠的热烈追求保持沉默的态度上看，他始终坚持自己独立的思考，虽然他的解离催眠手法保持一定的磁化思想，对此可从他本人早期的催眠实践及验证看出来，但这些并不弱化他作为一名严肃的、善良的、积极的临床催眠治疗师所应有的身姿和贡献。

从技术层面上看，让内融会贯通，既用到暗示技术，也用到明示技术，既用到意念运动技术，也用到解离技术，其中以解离技术为核心，同时还用到精神分析技术，包括宣泄技术和回溯技术等。虽然，让内的主要身份是临床治疗师，面对的大都是精神病患者，但让内的治疗技术、治疗逻辑和治疗思想基本是呈现积极倾向的。与之形成鲜明对比的是，沙可治疗病态患者得出病态催眠结论。虽然，单纯从技术本身看，它并没有积极消极之说，就好像刀具可以切菜也可以伤人一样，但技术背后的理论却有积极消极之分，反过来，将对技术应用起到很大的决定作用。所以，从理论层面上看，让内无疑创造催眠历史。虽然解离现象在让内之前早已存在，但系统研究者少之又少。

总的来说，让内认为，解离催眠一方面指向个体清醒状态的功能抑制，另一方面指向个体催眠状态的潜能激发或整合，而在清醒与催眠的平衡之间，心脑状态发生着复杂变化。

此后，让内的临床解离被希尔加德搬到了实验室，并从实验层面展开多角度、多层次和可对比性的检验。但学习者需要记住的是，这既是希尔加德对让内解离思想的继承，也是希尔加德对解离催眠研究的扩展，虽然两个语境下的催眠状态未必一致，但解离催眠研究从此多了正常研究对象，以及积极动力展望。

4.2 希尔加德解离催眠手法

4.2.1 希尔加德简介

希尔加德全名 Ernest R. Hilgard，是催眠状态论者领军人物之一，主张催眠是一种解离，乃至一种隐喻或一种整合。

研究者 II. Kihlstrom 指出，“相对于让内的解离理论，希尔加德的新解离理论对社会认知理论形成重要补充。或可称之为相辅相成。”① 之后，研究者 Woody 和 Sadler 持同样观点，“希尔加德理论与让内传统的解离理论有所区

① II. Kihlstrom, J. F. (1998). Dissociations and dissociation theory in hypnosis[J]. Psychological Bulletin, 1998, 123(2): pp. 186-191.

别”①。Kirsch 和 Lynn 也指出希尔加德给予其拓展和细化，比如存在“多个与暗示执行和监测等息息相关的意识流”② 等。Bob 接着指出，“希尔加德进一步将解离与内隐知觉联系在一起，更为全面地阐述新解离理论，并证实荣格的某些自我概念，进而产生重要影响”③。

这是希尔加德的催眠贡献。

催眠解离是他的代名词，那句著名的“催眠体现心理学的真谛”便出自他口。事实上，除此之外，这位公认的顶级心理学家还高度关注条件反射和心理学史研究，并且成绩斐然。

希尔加德（图片源自 Wikipedia）

希尔加德 1904 年出生于美国 Illinois 州，从小受父亲影响，喜欢医学，后来因为父亲不幸去世而放弃从医念头。希尔加德大学时代就读的是化学工程专业，但对心理咨询和催眠同样感兴趣。之后，他遇见实验心理学家、暗示催眠代表人物赫尔（Clark Hull），并协助赫尔开展催眠实验。此后的硕博期间，希尔加德攻读心理学专业。也在这一时期，他深受巴甫洛夫和詹姆斯（William James）等人的影响，而且深受与他年纪相当的好友艾瑞克森的影响。从希尔加德一生的研究对象和内容看，他始终保持着对意识、人格结构以及动机等人类深层心理内容的兴趣。

希尔加德的催眠研究辉煌时期从耶鲁大学转任斯坦福大学开始。他不仅邀请曾表演过舞台催眠秀的魏兹霍夫（André Muller Weitzenhoffer）共同建设斯坦福催眠实验室，与之共同编制举世闻名的斯坦福催眠量表，而且验证了诸多具有代表性的催眠概念，包括解离意识、隐秘观察者等，另外，还创建国际催眠学会并担任首届主席等。

---

① Woody，E. Z.，& Sadler，P. Dissociation theories of hypnosis[M]. In M. R. Nash & A. J. Barnier (Eds.)，New York，NY，US：Oxford University Press，2008，The Oxford handbook of hypnosis：Theory，research，and practice (pp. 81–110).

② Kirsch，I.，& Lynn，S. J. Dissociation theories of hypnosis[J]. Psychological Bulletin，1998，123(1)：pp. 100–115.

③ Bob，P. Subliminal processes，dissociation and the ´i´[J]. Journal of Analytical Psychology，2003，48(3)：pp. 307–316.

2001 年，这位几乎拿遍心理学所有荣誉的近百岁老者与世长辞。

4.2.2 希尔加德解离催眠操作技术

希尔加德的催眠技术部分来自魏兹霍夫的指导，部分来自其他人的影响，部分来自自己的实验总结。我们以他引以为傲的斯坦福催眠量表①（虽然斯坦福催眠实验室早已不存在）作为催眠解离技术操作样本：它既可以测试暗示感受性，也可以测试解离程度，某种程度上还可以测试恍惚状态（希尔加德本人不太喜欢这个词语，认为它带有严重解离或分裂性质）。这里，更为重要的是，操作者如何使用它。按照希尔加德的思考，在利用量表项目内容进行催眠时，应当加一些设计在里面。

首先是导言。

> 催眠感受性（Hypnotic Susceptibility）是指经过标准化的催眠引导程序，被试通过标准测验项目的多少和对标准方法作出反应的多少。
>
> 催眠感受性量表中，催眠引导的标准程序是有效催眠的操作样术。虽然催眠有多种诱导方法，但这个测量感受性的方法要求催眠引导采用标准程序，遵照量表中的暗示和指导语进行操作。
>
> ……
>
> 整个测验大约需要 45 分钟，一般不超过 50 分钟，包括催眠前建立合作关系的 5 分钟交谈、30 分钟诱导和测验，以及 10 分钟评定。

其次是催眠引导前，合作关系的建立。这一部分主要解决的是被催眠者的担忧和焦虑，以及进行必要的技术或程序说明。学习者需要记住的是，被催眠者总会有这样或那样的小问题，对此可以有针对性地与之沟通。这里不再赘述。

再者是项目测验。

第一项是身体后倾，时间为 2 分钟：

---

① 本量表部分内容由复旦大学孙时进老师提供，部分内容参考方莉（2004）的博士论文。在此表示感谢。

现在请你站起来，背朝我，脚跟、脚趾靠拢，手放在两侧，抬头。好，闭上眼睛，全身放松，放松。

过一会儿，我会要求你想象身体后倒。你知道，想象一个动作和做一个动作的关系是很密切的。当你想象你后倒时，你会体验到作出后倒动作的倾向。你会发现你真的后倒了，越来越向后倒，直到你倒下去。如果真的要倒了，你就让自己倒下去，我站在你背后，会扶住你的。

好，开始想象身体后倾、后倒。现在开始身体慢慢地后倾，后倾，越来越向后倾。你已经后倾了，身体在向后倒，越来越向后倒。你在向后倒，后倒，越来越向后倒。你在后倒，向后倒，倒、倒、倒！

（如果不倒）好，现在你已知道想象一个动作会产生作出这个动作的倾向。

如果你更注意你的动作倾向，这有助于进入催眠状态。这一次我让你再体验一下，直到你认为这种倾向很强烈时，你才真的倒下来（重复前面步骤）。

之后记分：后倒为“+”，否则为“-”。

第二项是闭眼，第三项是手臂下降（10 秒时下降 6 寸以上），第四项是手臂不动（10 秒后升高不到 1 寸），第五项是手指联锁（到 10 秒时手指不能完全分开），第六项是手臂僵直（10 秒内不能弯曲），第七项是双手靠拢（10 秒后至少靠拢 6 寸），这六项的催眠技术引导与上述类似，这里介绍第八项语言抑制（10 秒内不能说出姓名）、第九项幻觉（苍蝇）、第十项眼僵（到 10 秒时眼睛仍闭合）、第十一项催眠后暗示（换椅）和第十二项遗忘测验（回忆的项目少于三个）。

第八项是语言抑制，时间为 50 秒：

你现在非常放松，深度放松。你想象在深度放松时讲话是很困难的。我不知道你还能不能说出自己的名字，我想，你说不出来，因为你的嘴、舌、喉部肌肉都已松弛……深度放松了，你要讲话是非常困难的。你试试，能不能说出你的名字，试试看！（等待 10 秒）

假如说出名字：对，你又体会到了你要说出你的名字可不像平常那么容易，是要费劲的。现在你说话就容易多了，试一下，好，现在放松。

假如说不出名字：很好，不要再试了，放松，（现在你很容易说出你的名字了）说说看，很好，放松，放松。

之后记分：假如在10秒内说不出名字，记“+”，否则记“–”。

第九项是幻觉，时间为55秒：

你一直在集中注意力听我讲话，没注意到一只苍蝇在你头部的周围飞来飞去，嗡嗡叫，烦死了，叫得那么难听，现在飞到你头上来了，把它赶走（等待10秒）！

好，苍蝇飞走了，不再烦你了，没苍蝇了。放松，安全放松。

之后记分：如果有任何怪相、动作和赶苍蝇的表示，记“+”，否则记“–”。

第十项是眼僵，时间为35秒：

你的眼睛已闭了好长时间了，你很放松，眼睛紧紧闭着，闭得很紧，如果你想睁开，就会感到眼皮牢牢粘在一起，紧紧地粘住了，你感到眼皮很沉，又紧紧地粘在一起，想睁也睁不开，眼睛闭得太紧了。试试看能不能睁开（等待10秒）？

假如睁眼：好，把眼睛闭上，你已感到眼睛闭得很紧了，现在放松，眼睛仍然闭上，放松。

假如仍闭眼：放松，不要再试了，你的眼睛现在很正常了。眼睛仍然闭着，放松。

之后记分：若在10秒内仍闭眼，记“+”，否则记“–”。

第十一项是催眠后暗示、第十二项为遗忘测验，时间合计为2分30秒：

继续放松，深深地放松，集中注意听我说，一会儿我要倒着数数，从20倒数到1，你会慢慢地醒来，但是数数的时候，你还是像现在这样睡着，放松。我数到5时，你会睁开眼睛，不过，你还没有醒过来，当我数到1时，你才完全清醒，就像平时的清醒状态一样。你可能会有这样的印象，你睡得很久了，我让你做的那些事都记不起来了，因为要回忆这些事情太困难了，你不愿意去想它。你很容易地把每件事都忘记了，什么也想不起来了。但是，当我告诉你，你已恢复记忆时，你就能记起每件事情。在你睁开眼睛之后，你感觉良好，头脑很清晰，很舒服。当我从20数到5时，你睁开眼睛，数到1时才完全醒过来。醒来以后，我用铅笔敲桌子，在我敲的时候，你就站起来，坐到对面那个椅子（即备用的那把椅子）上去。你坐过去了，但忘记是我叫你这么做的，就像其他事情一样，都忘记了，直到我叫你记起来，才能记起来。好，准备好，现在数数，20，19，18，17，16，15，14，13，12，11，10，9，8，7，6，5，4，3，2，1。

假如睁眼：感觉怎样？醒了吧？

如果还困倦：好，困倦感马上就要消失了，你现在完全清醒了！

假如还闭眼：醒过来，完全清醒。感觉怎样？

如还困倦：困倦感马上就要消失了，你现在完全清醒了。

催眠师用铅笔敲桌子（等待10秒）。

假如被试仍坐着：请坐到对面那个椅子上去，我要问你几个有关你的体验的问题。

假如被试换椅子了：你在那椅子上坐好，我要问你几个有关你的体验的问题。

之后记分：对于催眠后暗示项目，铅笔敲桌后产生任何动作，记“+”，否则记“-”。

对于遗忘项目，询问被试曾要求他做过一些什么事，在指示他现在能记起每件事之前，回忆出项目少于三个，记“+”，否则记“-”。

这里我们顺带看看他在斯坦福实验室里的耳聋催眠场景，以验证他的解离及隐秘观察者（Hidden Observer）之“猜测”。

在听到耳聋的催眠暗示后，一个失聪的被试对响亮的声音没有反应。另一名学生询问该被试的某些部分是否可能知晓。希尔加德遂用一种平静的声音对着这个被试说话，暗示他的另一部分独立于他的意识，例如控制他呼吸的那部分，能听到他（希尔加德）的声音并理解他（希尔加德）。希尔加德告诉他可以用食指发出信号，假如那一部分真的听到的话。随后，被试轻举了下食指，然后口头要求恢复他的听力，这样他就可以被告知发生了什么事。

当被试听力恢复后，他记起接受的催眠暗示是他将（在三个被试中）失聪，直到老师把手放在他的肩膀为止。他对此感到困惑和好奇。而当他们通过录像回看他们自己的反应时，他们表现得非常惊讶。

希尔加德大致通过这样的催眠测试技术开展大量的催眠实验，并在此基础上进行催眠理论探索。斯坦福催眠量表自诞生起，便成为经典，虽然有过修改和完善，但核心思想和核心内容始终不变。而对于由此指导下的催眠技术而言，当催眠者对项目测试内容十分熟悉以及被试具有较高催眠感受性时，催眠解离的发生便十分迅速而且明显，否则催眠解离较慢也较难。

最后是斯坦福催眠量表常模，分数 1-3 分为低催眠感受性组，4-6 分为中催眠感受性组，7-12 分为高催眠感受性组。

除了上述技术外，自动书写等技术也经常被希尔加德用到。此前，让内也经常利用自动书写、自动谈话、分心、凝视等技术发现病人内心深处隐藏的情结或无意识固着造成的创伤等。

4.2.3　希尔加德解离催眠技术评论

第一，希尔加德的催眠技术更多是一种理论上的探索，而非技术上的创新。

这是有一定原因的，一方面希尔加德并非临床催眠师，也并非长期从事催眠治疗或催眠咨询，另一方面，他的兴趣在人类心理动力，因此，催眠只是他探索人类内心世界的载体或者通道而已——他后期转向美国催眠史研究更说明如此。

有趣的是，对希尔加德催眠实验进行逐项检验和细致批判的 N. P. Spanos，从实验层面和理论层面均不认可催眠解离，并且提倡“多因素催眠模型”（Multifactorial Model），即催眠的发生是基于多种因素的，比如催眠镇痛，按照希尔加德的逻辑，被催眠者被导入催眠状态以后因为解离的出现从而对疼痛的反应并不敏感，而Spanos认为并非如此，因为“成功体验镇痛的被试，对痛苦刺激的处理并非给予阻断，而是给予解释”①。所以，催眠镇痛未必要发生于催眠恍惚状态中，而是随时都可以发生于清醒意识状态下，只要被催眠者重构包括预期、解释等在内的社会认知因素即可。从现实生活和本书作者的催眠实践经验来看，两者皆有可能，即：当把被催眠者导入到一定深度的催眠恍惚状态时，被催眠者的确有可能出现判断力下降，以及其他与解离有关的症状，但是这并不能直接否定清醒状态下不能出现类似的解离或类似的催眠镇痛，因为高度注意力转移在很大程度上也是能带来较好的镇痛效果，虽然这种情况会促使被催眠者在意识层面产生某些与深度恍惚状态下不太一样的现象。毕竟，深度恍惚所带来的意识状态的改变对个体疼痛的神经传递以及记忆提取等都会带来不同程度的影响。

退一步，关键在于研究者如何看待解离这一现象。不同分类与不同视角往往也带来不同结果及不同结论。

第二，希尔加德的实验被试往往具有高催眠感受性，这与实验本身要求有关。倘若两组或多组被试总是处于清醒状态，则将不具对照作用，也就是实验设计得不够严谨，这也是临床催眠治疗较难达成的一个重要原因——缺乏对照组。当被催眠者进入越深的催眠状态时，解离现象就越明显，实验对比效果也就越明显，比如失聪或镇痛（希尔加德的学生也做过类似的实验）。但学习者需要注意的是，这类实验并非用来取悦观众，也极少从中获得商业利益，更多只是为了科学探索。如果偏离这个出发点，实验催眠就很有可能变成舞台催眠。

第三，从积极性和有效性等角度来理解。首先是积极性。无疑，在希尔加德等人的努力下，对解离的理解和应用已经逐步扩大到病态心理学领域之外，强势步入积极心理学范畴，即解离并非总是出自病态心理学之最初的病态样子，而是可逆的、有积极效用的、不可缺少也是日常生活必需的。从这个角度而言，解离催眠具有强大的生命力。其次是它的有效性，这在一定程度上，也是积极性的体现。当焦急的被催眠者因为解离发生而体验到较为良好的镇痛效果时，无论对其本人还是对解离催眠操作者而言，都是舒适而且

① N. P. Spanos. A sociocognitive approach to hypnosis[M]. In SJ Lynn, JW Rhue(eds)[M]. Theories of Hypnosis: Current Models and Perspectives. New York: Guilford, 1991.

共赢的。更进一步，即便通过各种策略让被催眠者保持在清醒状态中，但给予注意转移也能产生一定的效果，这种社会认知视角的轻度解离也是今后值得关注的。

第四，原理方面。按照希尔加德的理解，人类意识系统是松散的，这为催眠解离带来极大可能性。当然，这种松散是可控范围内的松散，而非失控或病态的松散。从这个角度而言，希尔加德也只不过是利用人类心理特点并且借助催眠这一工具将之从理论层面进行了一定划分而已。但是，学习者需要记住的是，解离也只是一种未完全得到验证的“理论猜测”，同时，实验催眠语境与临床催眠语境以及与教育语境等中的催眠状态未必一样，而且有旁观者在场的语境与无旁观者在场的语境也未必一样，这也可能导致这样的问题产生：从病态学引进过来的解离与希尔加德的解离是否同属一物。与此同时，学习者需要记住的是，隐秘观察者也被希尔加德理解成一种隐喻（metaphor）。如此一来，原本注重清晰边界的实验范式似乎又向注重模糊边界的社会认知范式偏移了，因为隐喻在本质上属于一种具有象征意义的相似，而非一一对应的因果。

第五，希尔加德的解离技术是否具有较好的可复制性。答案是肯定的。而且从复杂度和难度等方面看，它远远低于艾瑞克森的艾氏催眠手法。但学习者不要忽略的事实是，即便是希尔加德本人长期使用斯坦福催眠量表，但“几乎每次都会从中学到一些东西，而且这些东西未必是他能用一定语言表达出来，但他学到了有关失忆，或者年龄退行，或者幻听，或者关于其他什么现象的不同反应”①。

第六，延伸开来，学习者也许还会产生这样的疑惑，解离和压抑是什么关系？前者经常出现于催眠语境中，而后者则经常出现在精神分析语境中。它们既有相同点也有不同点。比如，解离和压抑都具有意识和潜意识的相对之分，解离可能发生于清醒状态中也可能发生于催眠状态中，被解离的内容一般进入潜意识或者无意识，程度比较深的也被认为是分裂，这时候被催眠者往往难以将之与意识联系，而压抑的内容更多时候是在清醒状态下进入潜意识的，它的程度一般还不到分裂。另外，两者也都开始从早期的负面影响转向积极影响，就如同谎言一样，真实的生活不能缺少谎言，特别是善意的

① ［美］雅普克（Yapko M. D.）著．临床催眠实用教程［M］．高隽译．北京：中国轻工业出版社，2015.

谎言。

第七，学习者在练习催眠解离技术时，也需要注意到，未必要使解离最大化，即不必非让被催眠者产生超出他可承受的意识解离范围，否则将有可能带来伤害，而只要根据催眠目的到达适当程度即可。

最后，同其他所有技术一样，在唤醒或者催眠后暗示中，均需要对已使用的技术内容做一定的后续处理，也就是尽量避免产生负面影响，与此同时，利用一切可利用的资源，扩大其积极影响。

4.3 本章小结

解离催眠手法与暗示一样，广受研究者欢迎，并在实践中被广泛运用，即便操作者未必自觉或者认同。让内的解离催眠手法带有病态痕迹，希尔加德的解离催眠手法偏向积极。不过，让内和希尔加德都认为解离催眠能在很大程度上产生清醒状态下难以产生的诸多“神奇”现象，无论是临床治疗角度还是实验验证角度。

但是，值得学习者深思的是，解离一定带来分离吗？

倘若它是一种新的整合或新的唤醒，或者，也许它还是一种新的具身或新的生长呢。比如，当年巴甫洛夫将催眠归类为特殊睡眠，但今天借助高科技仪器去重新看待这件事情的时候，我们则会倾向于相反观点：睡眠更像是一种特殊催眠，即催眠的范围更广。

末了，与解离相对，意念运动似乎更强调整合。

请阅下一章：念动催眠手法。

5 念动催眠手法

念动的全称是意念运动（Ideomotor Action），主要指代心理层面的念头转化为生理层面的肢体运动。在催眠领域里，它常被用来揭示潜意识进程。

在古代社会就有很多被视为巫术的念动，比如，陷入恍惚状态中的自发性舞蹈、神秘仪式中的身体运动、睡梦中的游走，或者惊悚恐惧下的鬼附身、鬼画符等，在所属时代基本被视为某种超自然的力量在支使。后来，经过众多研究者的探索，人们逐渐意识到这是一种接近于本能的行为，可用自动书写、自动言语来解释。比如，萨满教中的鬼神附体就可视为自我催眠状态下的念动。研究者 Shenefelt 和 Philip 指出："19 世纪中期，谢弗如和卡朋特（Carpenter）开创了我们对念动的科学理解。这种意图或思想从潜意识层面传递到运动皮层，由小脑协调，并由脊髓神经传递到适当的肌肉，诱导肉眼看不到微小运动，但可通过摆手等方式给予放大。而在催眠恍惚状态下，这种念动现象通常可用肢体形式的'是'、'否'或'我不想回答'等来回应……"①研究者 Peter 接着指出，"念动适用于大部分人……也适用于观察被催眠者（或病人）从正常状态到非正常状态的转变（或相反），进而观察意识和无意识发展"②。这种变化发展与被催眠者的催眠感受性息息相关，比如，研究者 Bellerby 发现，"如果被催眠者的催眠暗示性越高，那么，他们完成念动任务的速度

---

① Shenefelt, & Philip, D. Ideomotor signaling: from divining spiritual messages to discerning subconscious answers during hypnosis and hypnoanalysis, a historical perspective[J]. American Journal of Clinical Hypnosis, 2011, 53(3): pp. 157-167.

② Peter, D. P. B. Ideomotorische Hypnoserituale[M]. Hypnose in Psychotherapie, Psychosomatik und Medizin. Springer Berlin Heidelberg, 2015.

就越快"[①]。

关于念动原理，一般认为是意识替代状态下的某种反应系统将之表达出来，这种反应系统与清醒状态下的反应系统略有不同，或者，两个系统即便具有较高相似性，但个体的意识状态也会发生某种程度上的改变。对此，研究者 Knuf、Aschersleben、Prinz 和 Berle、Schütz - Bosbach、Simone、Laboissière、Rafael、Prinz 总结出了两个主要原则："首先是感知引导原则（perceptual induction），即人们倾向于执行他们所看到的动作，其次是有意引导原则（intentional induction），即人们倾向于表达基于选择性（喜好性质）的且适宜表达的动作"[②③]。基于上述，念动在很大程度上可视为催眠反应的标志之一，学习者常见的手掌漂浮或手臂漂浮就是一种典型的念动表达。反过来，念动的存在也证明了（自我）催眠的存在或者意识状态发生某种程度的改变。

本章主要介绍谢弗如（Anton Chevreul）和麦吉尔（Ormond McGill）的念动催眠手法。

5.1 谢弗如念动催眠手法

5.1.1 谢弗如简介

安东·谢弗如出生医学世家，兴趣广泛，对意念运动催眠技术有较大的贡献。他所发明的谢弗如摆锤（Chevreul pendulum）为当时的唯灵论批判提供强有力的支撑，可用来检测被催眠者或者清醒个体的某些隐蔽行为。谢弗如对待念动这一现象，遵循着严谨的、可重复验证的自然科学原则，而非神秘主义或者不可知论。NLP 创始人格瑞德和班德勒对此就曾指出："摆锤法是最早的关于念动的一个示例……催眠可视为暗示引起的念动"[④]。研究者 Lec-

---

① Bellerby, L. J. An investigation into the relationship between an individual´s level of hypnotic suggestibility and their ability to engage in ideomotor action[M]. Plymouth Student Scientist, 2013.

② Knuf, L. , Aschersleben, G. , & Prinz, W. An analysis of ideomotor action[J]. Journal of Experimental Psychology General, 2001, 130(4): pp. 779-98.

③ H. Berle, A. , Schütz-Bosbach, Simone, Laboissière, Rafael, & Prinz, W. Ideomotor action in cooperative and competitive settings[J]. Social Neuroscience, 2008, 3(1): pp. 26-36.

④ ［美］约翰·格瑞德，理查·班德勒. 出神入化［M］. 中国：内蒙古出版社，2003.

ron 和 Leslie 指出："无意识信息可以在催眠状态下通过手指自发性的移动或谢弗如摆锤来表达……从本质上讲，这种方法（自发性的念动）是自动书写的变式"。[①] 而艾瑞克森和罗西则给予更高的评价："谢弗如的工作为布雷德和伯恩海姆等人的临床研究准备了时代精神、提供了时代背景，使他们认识到催眠和暗示的基本性质可以用意念动力和意念感觉活动来解释。"[②]

5.1.2 谢弗如念动催眠操作技术

首先是谢弗如摆锤的制作。

谢弗如摆锤制作相对简单，只需要一条常见的丝线和一个有些重量的小物件。将小物件系牢在丝线一端，拿起丝线的另外一端即可。有时候，为了吸引被催眠者的注意力，小物件也可以是某种闪光的小球。当然，也有研究者认为最好不要有闪光，以免分散被催眠者的注意力。基于实践经验，本书认为，小物件是否闪光可因人而异，即部分催眠体验者喜好闪光，而部分催眠体验者拒绝闪光。对此，可以事先让被催眠者自主挑选，中间也允许他们更换。另外，常见的小铁尖锥是一个不错的选择。

其次是谢弗如摆锤的使用。

一般而言，谢弗如摆锤需要一个念动放大测试图，如下图所示：

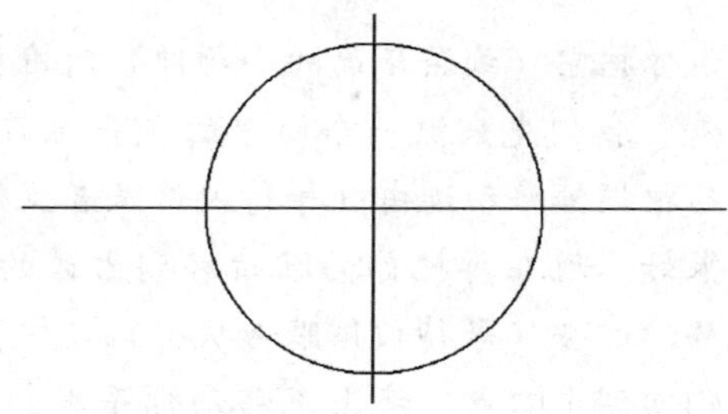

① Lecron, & Leslie, M. A hypnotic technique for uncovering unconscious material [J]. Journal of Clinical and Experimental Hypnosis, 1954, 2(1): pp. 76-79.

② ［美］艾瑞克森，罗西．体验催眠：催眠在心理治疗中的应用［M］．于收译．北京：中国轻工业出版社，2017.

该图相当于扩大器，能在很大程度上反映念动的轨迹。它包含四个基础方向：垂直方向、水平方向、顺时针方向和逆时针方向。催眠师可根据具体情况选择某一个方向让被催眠者体验，并将之记录下来。

念动具体测试过程为：

第一，让被催眠者拿起不系小物件的丝线一端，将小物件对准图中的圆圈十字中心，然后引导被催眠者集中注意力在中心点及周边（有时候也可以集中在小物件上），并开始暗示小物件沿着某个方向发生移动。可先从简单方向开始，再逐渐延伸到复杂方向。

第二，在小物件移动过程中，可简要测试被催眠者的暗示感受性。可用言语，也可用行为。有时候，必要的发现暗示也是可以的。

第三，如果被催眠者的手臂并未发生任何移动，这说明该被催眠者可能存在一定程度的催眠阻抗，这时候催眠师可以停下来进行适当的问询与干预。

第四，谢弗如摆锤具体引导话语如下：

这是一个摆锤，用来测试你的催眠感受性。需要你注意力高度集中，同时，你既不需要刻意摆动你的手臂，也不需要刻意阻止你的手臂。如果你理解我的话，请轻轻点下头（观察被催眠者是否点头）。

好的，现在请你把它（线条下面的小物件）对准图中的中心点，并盯着该中心点看。我们先来做一个简单的预先练习，请你眼睛看着左边的线，然后把摆锤移动过去（等待被催眠者执行）。

好，你做得很好。现在再把你的眼睛移到右边的线上，然后把你手里的摆锤也移动过去（等待被催眠者执行）。

接下来，我们回到中心点。请上下移动你手里的摆锤（观察）。好的，现在可以顺时针来转一下，再逆时针转一下。

好的，预热暂时到这里。

现在我们即将正式开始谢弗如摆锤测试。首先，我想告诉你的是，在这一过程中你可以一直睁着眼睛，也可以闭上眼睛。我们先来体验一下闭眼睛的感觉。很好，请闭上你的眼睛（等待被催眠者闭眼），想象你的手臂往某一个方向（比如左边）移动，但请你不要用你的意识去控制它，也不要用你的意识去驱使它，你只需要用你的念头想象即可（观察被催眠者的反应）。

很好，接下来我们尝试另外一个方向。我想告诉你的是，你做得不错（可以同样尝试多个方向），请继续保持下去。

现在，我们再来尝试一下睁着眼睛完成谢弗如摆锤测试。和闭着眼睛一样，你既不需要刻意摆动你的手臂，也不需要刻意阻止你的手臂。如果你理解我的话，请轻轻点下头（观察被催眠者是否点头）。

好的，现在把你的注意力放在整个圆圈上，同时想象你手里的小物件开始沿着顺时针方向转动。你也可以想象这小物件突然有了自己的生命和能量，它真的开始沿着圆圈设定好的方向转动起来，你看，它真的在转动了。很好，请保持下去，这是一种非常美妙的感觉，你只管享受它就是了。

（等测验完了顺时针和逆时针的方向后，可以尝试复杂的方向）。

现在，我们不妨继续尝试一种更为新颖的方法。你瞧，这摆锤它开始自己动起来了。你看，它果然动起来了。很好，你也开始好奇这家伙会往哪个方向去，会走成怎样的一种形状呢。你就等着它自己走出来好了。你都不用管它。你做得不错，你做得很好，哦，不，它做得不错，它也做得很好。

一切顺其自然……

（仔细观察被催眠者的脸部表情，你会发现这时他们往往露出转瞬即逝的惊讶眼神或者兴奋的表情）

这里，在技术层面需要注意一个问题：按照正常情况，被催眠者一般都会表现出符合催眠师预期或者符合其本人预期的摆锤运动，但有些时候，被催眠者从一开始手臂就没怎么动，这时，需要催眠师与被催眠者进行沟通，如果被催眠者认为这种自我暗示很可笑，那么可以通过认知调适让这种可笑念头转变成严肃念头，部分催眠师也会反其道而行，鼓动可笑念头继续扩大，这时往往会发现被催眠者的意念运动表现得十分完美，而如果被催眠者认为自己主观方面什么都没干预，但手臂就是动不起来，这时可以多次练习，或者导入到程度较深的催眠状态再来测试，等等。催眠师基本上要把握的一个原则是，利用人类念动的本能和被催眠者的个体需求来推动和扩大他们自身的念动，同时应当尽量避免出于催眠师个人需求或者权威去推动被催眠者的念动的产生与扩大。

要让技术表现它自己，而不是让技术满足需求。

5.1.3 谢弗如念动催眠手法评论

整体方面，谢弗如摆锤由于能够较好地揭示和表达潜意识内容而备受推崇，而且整个操作过程十分简单方便（当下很多电视节目就经常利用谢弗如摆锤技术进行商业宣传，有时候摆锤的重量还远远超过上述提及的小物件，这样制造出来的视觉冲击效果反而让观众和参与者本人觉得更加不可思议）。

技术动力方面，念头的预期是肢体（肌肉）运动的主要动力。拥有强烈念头的被催眠者，即便对肢体加以反向控制，也未必能够如愿，比如强烈恐惧袭来的时候，要强行让颤抖的双手停下来，往往不太如意，有时候还会颤抖得更厉害，而如果顺着念头的表达，则往往会十分流畅。这种流畅既类似于写作灵感或顿悟，也类似于意识流（英文单词中的 Flow 很形象），同时也与布雷德提倡的“单一观念”类似，即当被试正常情况下的多种观念被弱化，仅强化其中一个较为强烈的观念，或者与该观念相矛盾的对立观念被弱化时，该观念转化为肢体运动就变得较为轻松。比如说高空行走，“掉下来”的本能预期极其强烈，远远超过包括“不会掉下来”在内的其他预期，这时掉下来就很容易转化成肢体运动，使得个体容易掉下来。相反，对于那些训练有素的职业运动员而言，基本上不太可能发生这种事情，因为“稳稳地行走”这个预期远远超过其他预期。从这个角度而言，那些顶级运动员的共同特征之一是：全神贯注、别无他念。

回归到谢弗如摆锤，也是同理：摆锤运动的高度预期逐渐增强时，将盖过其他念头的预期，于是摆锤便开始运动。否则，摆锤将在其他观念的干扰下，很难流畅地朝某一个方向运动，因为相反的观念将引发相反的动作，相反的动作能量抵消原本应该发生的某个纯粹方向的动作能量，从外表看起来就是个体没能较好进入状态的“一直在晃”。

事实上，谢弗如摆锤这个项目本质上也可归之于自我暗示，因为自我暗示强烈的个体往往会产生某个方向的预期，或者单一观念，而其他的念头或预期往往有可能被强烈压抑住，这样一来，被催眠者的思维、动作和反应等都会表现得出色或者很糟糕。如果再深入比较的话，学习者将会发现，谢弗如摆锤和布雷德水晶球有着很大的相似性，只不过那个水晶球变成了小物件，那个发光点从眼睛上方移动到了眼睛下方，那个引发催眠状态的主动权看似从催眠者的手里转移到了被催眠者的手里。对此，我们不妨更进一步，如果把水晶球或者小物件拿掉，将会是怎样一种场景呢。有一个形象的隐喻是，首席催眠治疗师艾瑞克森经常会让被催眠者观看他们家橱窗上的某个紫色物体，并且等到那个紫色物体在被催眠者眼里开始动起来的时候，才开始他的催眠治疗。

这里，我们也顺带简单说一下谢弗如摆锤的实际应用，除了上述的商业娱乐用途外，在测谎方面也具有良好效果，因为两者在比较并凸显意识层面和潜意识层面的冲突方面具有类似的逻辑。当然，这仅仅只是作为一种猜测性质的拓展，具体应用操作还需要实践检验。

总体来说，谢弗如意念运动催眠手法比较适合初学者练习。

5.2 麦吉尔念动催眠手法

奥蒙德·麦吉尔是美国著名舞台催眠师兼魔术师，1913 年 6 月 15 日出生于加利福尼亚。

麦吉尔（图片源自 Wikipedia）

麦吉尔十几岁时曾观看过舞台催眠秀表演，深受影响，从此走上职业化道路。1942 年，29 岁的他首次在电视上表演传统舞台催眠术，火了一把，从此广为人知，之后开始在世界各地巡回演出。1947 年，他出版了舞台催眠文本，英文名为 The New Encyclopedia of Stage Hypnotism（以下称为《舞台催眠新百科全书》），书中内容通俗易懂，广受读者欢迎，虽然这同时也带来两大误导：第一个误导是让读者以为舞台催眠就是催眠或者舞台催眠就是催眠治疗。按照“让内临床领域杰出贡献奖”和“艾瑞克森基金会心理治疗领域终身成就奖”获得者 Yapko 的观点，舞台催眠秀让催眠自降身份。第二个误导是让读者以为该书是一本无可比拟的顶级催眠专著。事实上，如果按照立意、理念、理论、技术、行文、积极影响等要求去综合评价这本书的话，读者将会发现并非如此，但不可否认的是，该书在舞台催眠秀领域里的确名列前茅。

除了本书之外，麦吉尔还出版了其他多本著作。

1996 年，83 岁的麦吉尔重新修订这本已经逐渐流传到世界各地的《舞台催眠新百科全书》。2005 年 10 月 19 日，92 岁高龄的麦吉尔逝世。

5.2.1 麦吉尔念动催眠操作技术

麦吉尔的念动催眠操作技术简单易学，以下内容摘自《舞台催眠新百科全书》①：

第一，让被催眠者采取舒适的姿势坐在靠背椅子上，你（催眠师）则站在他面前，告诉他该想些什么。告诉目标对象花些时间想想他坐在椅子上有多么舒服。念动效应就是这样被触发的。

第二，让被催眠者想象自己打哈欠的样子，并且按照下述顺序作出打哈欠的动作：故意打哈欠。一开始是有意识的行为，很快则会转化成无意识的举动，因为打哈欠是人的一种本能反射，会让人感到困意。休息片刻，再次想象自己打哈欠的样子。再打几个哈欠。休息片刻，再次想象自己打哈欠的样子。再打几个哈欠。人的思想习惯于把事情分为三步来考虑，例如："各就各位，预备，跑！"

第三，交给被催眠者一个钟摆，让他举在面前，一边凝视钟摆，一边想象它开始摆动。意念运动效应会使他的肌肉开始发生不自觉的动作，使钟摆真的开始摆动。如果是在舞台表演中面对一组参与者，可以发给每人一个钟摆，让他们同时按你说的去做。

第四，告诉被催眠者，在凝视钟摆运动的同时，心中想着眼睛有多疲劳，闭上眼睛又会有多舒服。凝视钟摆时，这样的想法很快就会让他眼睛周围的肌肉发生意念运动作用，使他很快闭上眼睛。

第五，告诉被催眠者，现在既然闭上了眼睛，就可以想着举起胳膊有多累，放下来又会有多轻松。这会让他产生疲劳感，举起的胳膊感觉越来越沉。

第六，告诉被催眠者，既然胳膊已经沉重到难以举起的状态，那就任由它垂落到腿上。等到胳膊垂落下来，他就可以想象入睡的情形了。这样的想法会让身体进入"睡眠准备期"。

第七，注意观察被催眠者，当他的胳膊垂落到腿上时，就让他开始想象自己的手已经放松下来，手里的钟摆掉落到地板上。念动

---

① ［美］奥蒙德·麦吉尔. 催眠术圣经［M］. 严冬冬译，长春：吉林文史出版社，2010.

效应会让被催眠者的手指自动松开钟摆。在群体催眠中，许多钟摆依次落地的声响可以进一步增强催眠效果。把舞台灯光调到暗蓝色，用聚光灯照亮掉在地上的钟摆，可以让周围观众也意识到这一幕是多么不同寻常。被催眠者们此起彼伏的哈欠也会成为一幅奇景，甚至会有下面的观众也受到影响，跟着打起哈欠来。打哈欠是一种具有强烈暗示意味的行为，因为人的思想会自动把它跟放松和睡眠联系起来。

第八，钟摆掉到地上时，让被催眠者想象自己的全身都已经像手一样完全放松下来，软绵绵地靠在椅子上，准备进入梦乡。观察他的身体反应。

第九，让被催眠者想象自己正在入睡，呼吸变得深重而匀称。念动效应会让这样的想法变成现实。注意观察他的呼吸变深变慢的情况。

第十，让被催眠者想象自己的呼吸已经放慢到睡眠时的节奏（潜意识会自动把握合适的节奏），这样的呼吸节奏正让他陷入催眠状态下的熟睡。注意观察他呼吸节奏的变化。

第十一，让被催眠者想象自己正在陷入催眠状态，越陷越深。念动效应会让他自然进入催眠状态下的睡眠。

第十二，让被催眠者想象自己已经进入了深度催眠状态，身心会对一切暗示作出反应。

麦吉尔告诉学习者，在尝试念动方法的时候，一般需要留给被催眠者一些足够的反应时间，使念头变成生动的视觉意象，因为丰富的视觉意象往往容易转化成肌肉运动或肢体表达。麦吉尔还提醒学习者，某一个具体催眠内容的成功，会加速后面催眠内容的成功，即产生连锁反应。而如果意念运动催眠发生于集体催眠场景中，那么，被催眠者彼此之间的相互提醒、暗示、示范、模仿以及情绪感染等，也会提升意念运动效果。

最后，麦吉尔还对学习者提出建议，一方面要让催眠师的语言产生更大影响力，另一方面要让被催眠者与催眠师的思想发生共鸣，如此一来，念动催眠效果将更加明显。

5.2.2 麦吉尔念动催眠手法评论

麦吉尔在舞台催眠表演方面，具有丰富的经验，而他对人性的认识也是深刻的。比如上述念动催眠技术操作中，他所指的打哈欠暗示，如果学习者去尝试的话，将会发现这个方法在很多场合都具有良好效果。这种通过对日常生活中常见的言语行为传染现象的观察、总结、提炼以及创新，便是麦吉尔的优势，事实上，这也是人文社会领域里诸多顶级研究者的共同优势，正如曹雪芹所言的“世事洞明皆学问，人情练达即文章”。这里，无论是催眠治疗还是催眠沟通或者催眠影响，到最后都是对人类心理深层动力或复杂人性的认识，而舞台催眠表演秀只是一个载体而已。

成功的必然，便在于此。

5.3 本章小结

本章大致介绍谢弗如和麦吉尔的念动催眠手法。这种念动催眠手法的核心在于：将被催眠者脑中的某些强烈的心理念头转化成生理运动，在驱动力方面，强烈的念头比平淡的念头更具效力。有时候，舞台催眠师也会事先制造一种强烈的观念，并将这种观念清楚地传递给被催眠者，进而利用被催眠者的肢体来演绎催眠者的念头。

整体而言，念动的催眠效果较好，技术难度也不大。

此外，如果学习者了解细分催眠领域的话，还会知道除了谢弗如和麦吉尔这两位外，尚有其他著名人物，比如新加坡出生、哈佛大学毕业、美国临床催眠学会（American Society for Clinical Hypnosis）创始人之一的 David B. Cheek。Cheek 对念动催眠手法也有较大贡献，特别是他在临床领域里的观察和总结，不仅带给被催眠者诸多治疗，同时也带给专业催眠研究者诸多启发，虽然他的某些思考尚存争议。比如，Cheek 认为，未出生的孩子和婴儿能够对生活中产生情感影响的经验作出反应，并储存这些经验；与遭受创伤的外科患者一起工作让他发现大部分创伤不是在手术室里造成的，而是个体在手术后做梦的时候造成的，等等。

除了 Cheek 外，艾瑞克森也十分擅长念动催眠，他在与罗西合著的《体验催眠：催眠在心理治疗中的应用》一书中对念动催眠手法历史进行一定的回顾，在日常的催眠治疗中也较为频繁地利用念动进行催眠引导和催眠治疗。

从艾瑞克森成熟的催眠手法看，念动配合混乱技术使用，催眠效果更为理想。或者说，当念动技术效果不明显的时候，可以尝试在混乱催眠技术中添加念动。或者说，即便没有使用念动技术，仅采用混乱催眠技术，效果也是不错的。

请阅下一章：混乱催眠手法。

6 混乱催眠手法

混乱催眠手法主要指代催眠师使用多种策略促使来访者意识层面发生一定程度的混乱，进而在这种状态下给来访者予治疗或积极影响。学习者需要注意的是，这种混乱属于积极性质的混乱，而非消极性质的混乱或精神分裂，除非操作不当，特别是当初学者并不能真正领悟混乱催眠性质的时候。

如果要追溯混乱技术源头的话，人类早期带有医生性质的巫师可视为混乱催眠技术的创造者，但这种技术在当时并不成体系，也并非都导向积极，有些往往带有自私或邪恶的目的，它们或可视为巫师在影响他人时常用的、带有朴素性质的技术或方法，更为重要的是，巫师并不进行理论探索。因此，混乱催眠技术虽起源于巫术，但混乱催眠手法却非如此。

混乱催眠手法可视为艾瑞克森主创。这种手法与此前的巫术不同，具有巫术不可比拟的科学性。也正是因为这种混乱催眠手法的创建，才使得艾瑞克森在临床治疗方面无坚不摧，在自我身心探索方面所向无前。

混乱催眠手法之于艾瑞克森，如同灵巧双手之于外科医生，也如同核磁共振之于认知神经科学家。

6.1 艾瑞克森混乱催眠手法

6.1.1 艾瑞克森简介

艾瑞克森全名 Milton H. Erickson，常被人们误认为是埃里克·艾瑞克森(Erik H. Erikson)，即提出社会心理发展八阶段理论的精神分析学家和发展心理学家。之所以如此，不仅因为两个人的名字相像，研究领域部分重叠，也因为他们都是从低起点走向高巅峰的人物，并广为世人称道：埃里克·艾瑞克森没有接受过高中以上的正规教育，却获得哈佛大学教授的职称，其提出的八阶段理论深入心理学研究者血液，而虽获得硕士学位的米尔顿·艾瑞克森也并不因为小儿麻痹症等的困扰而自暴自弃，其演绎的精妙博大的催眠手法一直被催眠研究者奉为圭臬，至今无人超越。

米尔顿·艾瑞克森
（图片源自 Wikipedia）

艾瑞克森于 1901 年 12 月 5 日出生于美国威斯康星州，之后不幸罹患小儿麻痹症，并终生受其困扰，但该疾病也在很大程度上促成艾瑞克森传奇的一生。按照艾瑞克森第二任夫人伊丽莎白（Elizabeth Erickson）的介绍，他于 17 岁左右（1919 年，高中毕业后不久）罹患此病，全身瘫痪，被医生诊断为存活概率不高。然而他依靠求生的渴望、敏锐的观察和坚持不懈的锻炼，最终使生理机能得到一定程度的恢复，并独自划扁舟顺着密西西比河游走。16 年后，遇见伊丽莎白并结婚。

然而，艾瑞克森的小儿麻痹症始终未被彻底治愈，中年以后还有恶化倾向。为了生活方便，艾瑞克森听从医生的建议，携全家人迁居凤凰城（Phoenix），并于 1980 年 3 月 25 日在凤凰城去世。

凤凰城是凤凰栖息的地方，事实上也是传奇的诞生地，而艾瑞克森看似巧合的传奇却的的确确诞生于此，包括他那炉火纯青的有时却怪诞离奇的催眠手法（让患者爬女人峰、到沙漠观看仙人掌、去世后继续用两棵树治疗患者等），以及“不带诱惑的神情，没有敌意的坚决”的治疗目光，等等。当然，也正是因为追随者们的热情过度，或者不熟悉他的人以讹传讹，导致他一度被神化。

不过，类似“越来越多人认为艾瑞克森是有史以来最有影响力和最具创意的催眠治疗师”[①②]，“他创立了美国临床催眠学会，并担任该学会期刊的编辑达 10 年之久，他的研究工作对乔治·贝特森（Gregory Bateson），约翰·威克兰德（John Weakland），保罗·瓦茨拉威克（Paul Watzlawick），杰·海利（Jay Haley）以及理查德·班德勒（Richard Bandler）和约翰·格林德（John Grinder）等著名人物都产生深刻影响，何况还有其他无数杰出的催眠治疗师”[③]，“他是 20 世纪中叶最重要的催眠倡导者，也是公认的现代催眠疗法之父”[④]，“是一位杰出的临床医生、研究员、教师、作家和组织领袖：近半个世纪以来在所有这些角色中的突出贡献确保了他在催眠史上的地位……如果不参考他的催眠研究，一般会被认为不够严谨或不够完整”[⑤]，（如同心理学史忽略弗洛伊德的贡献同样意味着不够专业或不够完整）等等评价似乎也不为过。

本书作者认为：“能够被尊称为真正的催眠名家，从世界范围来看，似乎并不太多，特别是他的理念、行为和治疗能够带给患者光明、希望和勇气，让他们重归于正常生活或者超水平发挥潜能，与此同时，又能知行合一地创造出新的催眠体系，并获得专业同行一致性的高度评价以及社会民众自发性的由衷尊敬。艾瑞克森便是这样一位公认的独一无二的催眠大家。今后，我们只有站在他的肩膀上（尽管他患小儿麻痹症而出现不同程度的身体萎缩），才能看得更远，走得更深。”[⑥]

---

① Morgan, L. B., & O´Neill, A. Ericksonian hypnosis: a dialogue with charles citrenbaum, mark king, and william cohen[J]. Journal of Counseling & Development, 1986, 65(2): pp. 86-88.

② Havens, R. A. Self hypnosis for cosmic consciousness: Achieving Altered States[M], Mystical Experiences, and Spiritual Enlightenment. Crown House Publishing, 2007.

③ Morgan, L. B., & O´Neill, A. Ericksonian hypnosis: a dialogue with charles citrenbaum, mark king, and william cohen[J]. Journal of Counseling & Development, 1986, 65(2): pp. 86-88.

④ Hughes, J. C., Rothovius, A. E. The world's greatest hypnotists[M]. University Press of America, 1996.

⑤ Gravitz, M. A., & Gravitz, R. F. The collected writings of milton h. erickson: a complete bibliography 1929-1977[J]. American Journal of Clinical Hypnosis, 1977, 20(1): pp. 84-94.

⑥ 张伟诗. 催眠理论与实践［M］. 北京：中国人民公安大学出版社，2018.

6.1.2 艾瑞克森混乱催眠操作技术

学习者不妨先来看看艾瑞克森本人关于混乱技术的表达："我在文献中记录了我多年来开发和使用的混乱技术，包括描述、定义、阐释，以及对它的各种观察、使用和发现等。它主要是一种语言技巧，尽管手势也可以用来致使混乱……作为一种语言技巧，混乱技巧是建立在玩文字游戏的基础上的（based upon plays on words），一个复杂的例子，读者很容易理解，但听者却理解不了，比如是'Write right right'，而不是' wright or write'。当你对着一个专注的倾听者说话时，一种构建意义的负担就压在了他的身上，在他拒绝之前，你还可以用另一个陈述去吸引他的注意力。这个文字游戏可以用另一种方式来说明：一个男人在某次事故中失去左手，这样，他的右手便成了他的左手。因此，两个意思相反的词被正确地用来描述一个单独的对象，在这个例子中便是剩下的那只手（This play on words can be illustrated in another fashion by the statement that a man lost his left hand in anaccident and thus his right (hand) is his left. Thus, two words with opposite meanings are used correctly to describe a single object, in this instance the remaining hand.）。"① 而研究者Mendlovic，Doron 和 Hrshfeld 对混乱催眠技术的观察也有类似之意："通过句法、节奏和内容等出乎意料的改变，使病人的注意力得以转移，继而重新聚焦于催眠引导或催眠治疗上。由于其间多微妙，因此，此法对低催眠易感性者亦有效。"②

简言之，混乱技术（Confusion Technique in Hypnosis）就是采用多种策略或多样技术减少来访者意识的干扰，使他能更好地体验来自无意识的内容，进而发生积极改变。跟随艾瑞克森多年的斯蒂芬·吉利根（Stephen Gilligan）对该技术有过精彩的总结，以下内容来自中国心理学会推荐的《艾瑞克森催眠治疗理论》：

第一，识别来访者的表达模式。

① Erickson, & Milton, H. The confusion technique in hypnosis[J]. American Journal of Clinical Hypnosis, 1964, 6(3): pp. 183-207.

② Mendlovic, D. S., Doron, A., & Hrshfeld, A. Syntax-derived confusion in hypnosis [J]. Contemporary Hypnosis, 1999, 16(1): pp. 32-35.

第二，将表达模式（和人）组合起来。

第三，紧接着通过中断或超载模式的方式引入混乱。

第四，增强对方的混乱，比如可以持续注视 5 秒以上，或者适当的停顿，或者恰当的握手等。

第五，利用这种混乱给予治疗或积极影响。

学习者需要注意的是，如果来访者已经足够混乱，就不应继续扩大这种混乱，否则很有可能激起阻抗、引起不必要的麻烦或带来反作用。同时，还应注意的是，混乱技术的使用需要把握一定的时机，而不是一开始就不择手段地使用，这样看起来不仅僵硬，还会带给来访者不必要的错觉，有时则是心理创伤。另外，一般情况下，混乱技术常常与其他催眠技术融合使用，从而看起来更加灵活也更加有效。

从艾瑞克森催眠治疗实践看，他经常采用的中断技术包括：有意义的非推论，句法违背，运动表达抑制，中断接近线索，握手诱导和极限游戏等。来自《艾瑞克森催眠治疗理论》[①]（下同）：

首先是有意义的非推论。

人类的沟通一般都是基于长期形成的惯用的流畅的模式进行的，而这些沟通交往的逻辑一般具有常识性的逻辑，能让对方快速听懂，但如果是别样的逻辑，则会产生别样的效果。来看艾瑞克森自述的一个案例：

1923 年某天，我去威斯康星大学参加赫尔（ClarkL. Hull）主持的第一届催眠研讨会，在大楼转角处被一个匆忙赶路的男子撞了。在他还未回过神来跟我讲话时，我仔细瞧了一眼手表，好像他问了我时间一样，然后有礼貌地答道："差十分钟到两点。"事实上当时已差不多下午四点了，说完我就走开了。大约走了半个街区之后，我转过身去看到他还愣站在那儿看着我。毫无疑问，他对我说的话还是迷惑不解。

艾瑞克森表示，他经常利用这种技术进行广泛的尝试，结果大

① ［美］斯蒂芬·吉利根（著），谭洪岗 吴薇莉（译）. 艾瑞克森催眠治疗理论［M］. 世界图书出版公司北京公司，2007.

多数奏效，比如在催眠过程中意味深长地说道“你在催眠过程中能够体验到很多事情……忧郁的马克斯（Blue Max）……”

这里，学习者需要注意的是，语境对于中断技术具有重要意义。适当技术应在适当的语境下使用，否则适得其反。对此，不妨反过来理解，并不契合语境的中断技术会带来（更为）糟糕的效果，有时带给催眠师伤害，比如惹恼某位性情急躁的壮汉，或者激怒带有攻击性的反社会型人格障碍患者等。

接下来是句法违背，如下：

当我去德国的时候，总喜欢带个翻译（translator，将 translator 分成 trance later），约翰，立即进入催眠（trance now），约翰，现在完全进入催眠……

……有人说你能够像眨眼一样那么快，这是什么意思啊？……很好……再眨一次……再眨一次……现在完全进入催眠……

这里，使用多义词可以生成催眠性的句法违背，也可以建构某个陈述，并在句首或句尾呈现与催眠相关或无关的关键词，最后再把它们联结起来。

学习者需要注意的是，英文语境的句法违背与中文语境的句法违背存在一定的差别，因此，探索中文语境下的句法违背是一个值得研究的课题。另外，学习者还要注意的是，这一点十分重要：有意识地使用混乱技术与无意识地使用混乱技术具有重要区别，也就是说，偶然性地使用句法违背不仅看起来突兀，而且让来访者产生某种错觉或不适，有时导致催眠师被轻视，相反，如果催眠师擅长句法违背，那么绵延不绝地使用各种技术技巧，无论直接、间接、连续、跳跃还是象征、隐喻等，均能一气呵成，这样的混乱技术才是有意义的，也具有治疗或影响作用。简单来说，偶然性的混乱技术使用往往无效，而整体性的混乱技术操作才是精华。

句法违背之后是运动表达抑制。与其他步骤一样，运动表达抑制也是为了增强被催眠者的混乱，而出发点是将他原本长期形成的表达模式通过肌肉运动来打断并且给予抑制，比如艾瑞克森常说：“你无需移动……也无需讲话……”更精妙的治疗案例如下：

一对超理性教授夫妇前来艾瑞克森处寻求帮助，因为他们经历 3

年多来无法孕子的挫败。艾瑞克森让他们静静地坐着，紧抓住椅子扶手并要求他们在治疗结束后回家路上都不要讲话……

后来艾瑞克森接到他们打来的电话得知，当他们驱车四十英里回到家中甚至都等不到进入卧室，就直接在起居室的地板上“做了”。

这里，艾瑞克森想要表达的是肌肉运动可以被抑制，心理表达或非肢体语言表达也可以被抑制。这很有可能从他自己的行动不便以及前苏联实验科学家那里得到灵感和启发。至于中断接近线索则更容易理解，它可被视为干柴上加了一把火。

接下来是握手诱导。对此，艾瑞克森有很多经典案例，比如 1961 年在南美委内瑞拉某家医院，他用无声催眠手法将某位护士导入深度催眠状态的事例就广为研究者津津乐道。

艾瑞克森无声催眠现场（图片源自 Wikipedia）

据艾瑞克森朋友或同事的反馈，他们都比较害怕与艾瑞克森握手，因为他的握手方式总是与众不同出其不意，他们总有被催眠的感觉或错觉。对此，学习者也可以在杰·海利录制的艾瑞克森催眠治疗影像中清晰地看到，艾瑞克森的握手方式总是有点令人费解或者让人感觉莫名其妙：艾瑞克森经常让患者把手停留在空中，即手臂手掌漂浮——这在很大程度成了被催眠者进入深度催眠状态的象征标志之一。

这里介绍艾瑞克森另一个广为人知的案例：

有次，艾瑞克森给内科医生团队讲催眠，其中有位医生对此十分感兴趣，也发起了挑战。这位医生身材高大，把艾瑞克森的手握得嘎吱作响，而且还声称面前的这位是试图催眠他的傻子。

当讲座开始以后，艾瑞克森需要一位被试上来演示。这位医生立即大踏步走上讲台，并高声宣布自己永远不会被催眠。这时，艾瑞克森优雅地伸出手来，而已经意欲挑战的医生准备要与艾瑞克森握手，艾瑞克森却突然弯下腰去系鞋带。这位医生惊讶地愣在那里，他的手僵硬地悬挂在半空中。艾瑞克森接着温和而意味深长地请他坐在椅子上，并说“深呼吸，坐在椅子上，闭上眼睛，深深进入催眠”。

之后，艾瑞克森又继续对他进行各种催眠引导。

从这个案例中，学习者可以看到两个重要的技术点。一个是当这位医生准备好接受催眠时，这种准备状态与之前说的肌肉运动准备状态是一致的，所以它需要被中断，而另一个技术要点是，艾瑞克森十分擅长使用“意味深长”这种中断方式，并且运用得炉火纯青。如果说，有人批评艾瑞克森的催眠技术难以学会，那么意味深长一定是其中的一种，因为它不仅难以被量化，而且难以被复制，即便你隔着电影屏幕或者单向玻璃清清楚楚地看着它在你面前发生。

吉利根对艾瑞克森握手技术的混乱催眠流程总结如下，并指出“如果整个过程是相互信任、平稳且意味深长的，将会是惊人有效的混乱技术”：

- 吸引来访者注意力
- 启动握手模式
- 举右手
- 暗示扭曲
- 验证痛觉
- 扩大混乱
- 利用混乱，发展催眠，继而治疗探索
- 或可用失忆技术

中断技术的最后一项是极限游戏。虽然极限游戏听起来有点夸张，但它与混乱技术其他要素没什么本质上的区别，都是一种非传统视角的合作技术，比如：

> 某位前来向艾瑞克森寻求帮助的妇女，进入诊室即告诉艾瑞克森，此前她已经和三位医生打过交道，但他们对她的催眠都失败了。这次人们都建议她来找艾瑞克森。
>
> 艾瑞克森说道：“好，现在让我们把情况弄清楚，三个和我一样高明的医生，尽了全力，但是催眠并不成功。他们发现你的阻抗很强，我可能也会发现这一点，所以让我们现在理解这一点。”带着明显不一样的转调和语速，接下来艾瑞克森说了一个这样的两部分句子：“我无法将你催眠，只是你的手臂。”
>
> 她疑惑地说：“无法催眠我，只是我的手臂——我不明白你的意思。”
>
> 艾瑞克森又放慢语速、郑重地重复了一遍：“那就是我的意思，我无法将你催眠。”然后放轻声，快速地说了一句，就好像是一个词一样：“只是你的手臂，看。”
>
> 当艾瑞克森说“看”时，一边轻轻地向上“抬了抬”她的左手臂，手指的接触只是引导她向上抬，并不是真的用力抬她的手臂。而当艾瑞克森轻轻地收回自己的手时，她的手僵直地留在半空中。当她发现自己的手臂悬在半空中的时候，艾瑞克森轻叹着说道：“闭上眼睛，深呼吸，沉沉地睡去吧。你的左手会慢慢地落到大腿上并继续停在那儿，舒服地睡吧，我会叫醒你的。”
>
> 从该妇女进入诊室后的5分钟内，她就已经进入深深的催眠状态中，正如事实所证明的那样：梦游式催眠。

类似这种极限游戏的“小把戏”，在艾瑞克森的催眠治疗中随处可见。也正是因为这些出现神奇效应的“小把戏”才使得艾瑞克森不断被不明者和追随者有意无意地神化，然而真实的情况却是，他在来访者到来之前就已经在自己今后即将种上两棵树的庭院里深深地思考和徘徊。对此，他的爱人以及他的诸多弟子均见证了他作为一名普通但极具天赋的医生所应有的态度和努力，而不管他多么 Badly 喜欢紫色，这句都可视为本段文字中的文字中断，而且并不希望具有格式塔式的效用，除非往后，要么，接，下，来，还要继续一睹他的那些所谓“无缘无故、令人迷惑”的音节和字符，包括节奏、声音、色彩等的混乱技术（本段最后一句话具有蒙太奇式的混乱味道，只是象征性而已，如果多看一眼的话）。

除了中断技术，混乱催眠手法还经常使用超载技术。

超载技术的步骤和逻辑大致是：识别模式特别是催眠抑制模式，适当跟随，强化超载和放大混乱，进而积极利用，具体包括："时间定向迷失，空间定向迷失之内部参照物转换，空间定向迷失之莫比乌斯屋，空间定向迷失之外部参照物转换，概念定向迷失，以及双重诱导。"① 这里列举 3 段艾瑞克森个性化的喋喋不休（这种喋喋不休，是艾瑞克森对自己小儿麻痹症的积极利用，如果他身体健康，也许又是另外一番景象了），以供学习者学习判断。

第一段为：

……也许你今天吃的东西以前也吃过，有可能是上周的某一天吃过，或者上上周也可能吃过……可能下周还要吃这些同样的东西，还有下下周也有可能……也许在上周的那天，如果有你今天所吃的这些东西的话，上周的那天就是今天的那个时候，正如今天就是现在一样……

换句话来说，那时的就好比现在的……可能像今天一样也是星期一，也可能是星期二，这我不太清楚……也许将来的某个星期一或星期二，你还会吃这些东西，但也不排除是星期三的可能，尽管星期三是一周的中点。一周的中点到底意味着什么呢？我真的不知道，但我的确知道在一周的开端，星期天在星期一之前到来，星期一在星期二之前，而星期二在星期天之后，除非它从五天前来算……

第二段为：

……当你允许你的无意识为你工作时，你有很多方向可以跟随……正如你可以有许多进行物理跟随的不同方向一样……我举个例子……几年前的夏天，我一个人在高速公路上驾车旅行，就在我

① ［美］斯蒂芬·吉利根．艾瑞克森催眠治疗理论［M］，谭洪岗，吴薇莉译．世界图书出版公司北京公司，2007，231-232.

密切关注着汽车引擎发出的声音时，我慢慢地但肯定地发现自己正在朝着另一个州行驶着。我要去的是个特别的目的地，我想去那里见一个特别的人，期待着这将是一次特别的体验。然而，虽然我知道目的地的大致路线，但我却无论如何都想不起来在交叉路口该怎么拐弯。但是我确实知道从出发地开始，我告诉自己说："我现在不想在这里，我现在想去那里，我所能记起的就是现在要去那里，至少知道马上从这里出发，我要右拐三次，左拐三次……只是我完全记不清楚右拐和左拐的正确顺序了……但我真的很想去那里，而现在却在这里。"然后我说道："好的，密切注意，这回我必须要走正确了（right），否则要落下（left）一大段路了。"……接着我说道："好的，出发了……这儿先右拐……我觉得是对的；最好是右拐，不然就走错路了……然后左拐，现在我还要左拐两次、右拐两次……好的，我再左拐一次，这意味着我现在还剩下一次左拐、一次右拐和再一次右拐……现在如果我右拐，我就还剩下一次右拐和一次左拐，再一直往上开，然后一直往下，自始至终这样（轻声专注地说出来）……但如果我左转，我就还剩一次右拐然后再右拐一次……但我觉得不对，所以我现在向右拐，然后再左拐……那我现在还剩了一次右拐……哎……竟然是死路！走错路了……只好回到起始的地方，再走一遍，免得旅程完全被落下……我一直沿来路倒回去，只是现在一切都要反过来：之前左拐的路口现在要右拐，之前右拐的地方现在左拐……斜向路口方向也要反过来，因此对每个右转弯来说，现在是在右边，要左拐，而对每个左转弯来说，现在要右拐才对，回到起始点，准备再走一遍……现在我开始了……"

被催眠者跟随艾瑞克森的这段唠唠叨叨式的叙述，往往要忘记它们将自己引导去何方。根据本书作者的经验，很多被催眠者会选择直接忽略不听，而有些被催眠者会在叙述的场景中迷失自己，并且保持较长一段时间的沉浸，不愿醒来。不管哪种选择，学习者需要记住的是，在具体实践操作中，把这段文字背下来是有一定用处的，但如果没有格式塔式的理解和格式塔式的应用，它则很有可能成为令人尴尬的半成品：没有指向性和导引性的发展只会带来更多的错误和浪费。这对类似于艾瑞克森这样的职业催眠师而言至关重要。

第三段为艾瑞克森与印度某位精神病学家的交流：

艾瑞克森将两把椅子分别放在12平方英尺空间的两个角落里，然后自己和精神病学家分别坐在这个空间剩余的另外两个角落。两把椅子分别贴上标签A、B，而他自己和精神病学家分别标为C、D。然后艾瑞克森请了一位志愿者作为这个实验的梦游症患者。艾瑞克森将该志愿者导入深度催眠后，还引导她与自己和精神病学家（G博士）保持和谐关系，然后让她坐在（离艾瑞克森最近的）椅子A上，面对着（G博士旁边的）椅子B。然后艾瑞克森以一个精心策划的又有些神秘的方式说，他的意图是要教G博士一些地理学知识，整个过程中志愿者要一直坐在自己的位置上不动。G博士的注意力因此集中于志愿者的身上，艾瑞克森就开始了使人迷失的喋喋不休。

摘录如下：

（艾瑞克森对志愿者说）我希望你知道对你来说（指着志愿者），你坐的那把椅子（指向椅子A）在这里，而那把椅子（指向椅子B）在那里，但当我们走来走去的时候……在这个方形里，我在这里，你在那里，但你知道你在这里，而且你知道我在那里，我们都知道椅子（B）和G博士都在那里，但他知道他在这里、你在那里以及椅子（B）在那里，我也在那儿。他和我都知道你和椅子（A）在那里，而在这里的我，实际上是在那里，如果椅子（B）能够思考的话，它也会知道你在那里，G博士和我都认为我们在这里，我们也都知道你在那里，尽管你认为你在这里，所以我们三者都知道你在那里，当你认为你在这里的时候，我却在这里，而你在那里……

艾瑞克森一直这样讲着，始终慢慢地、令人难忘地且有节奏地讲着。过了一会儿，G博士看起来相当迷惑了，他困惑地在自己和艾瑞克森脚下的地面之间转换视线。这时候，艾瑞克森对已被深深催眠的志愿者发出指令，去“接管”他的角色快速地“解释”“这里”和“那里”的不同方位。简而言之，G博士在意识上发生了完全的改变，这一发展被利用来进行各种催眠探索和后续的讨论。

学习者也可以简单判断一下上述三段各对应了哪种超载技术。

事实上，类似第三段的混乱技术，艾瑞克森在很多场合都使用着，并且产生诸多出人意料的效果：长期跟随艾瑞克森的众多弟子往往成为类似G博士一样的第三方角色，并带给被催眠者无形的混乱或压力。这在某种程度上或许就是贝特森所言的别人看不懂的诡异技术之一：当别人还在认识音阶的时候，艾瑞克森已经在演奏交响乐了，而且“当其他人集中心力分析原来系统的缺点，并找出补偿之道时，艾瑞克森展现了如何发现潜能及如何将负面转为助力的技巧”①。

学习者如果对混乱催眠中的其他技术感兴趣的话，不妨直接翻阅艾瑞克森重要传承人吉利根先生所撰写的催眠专著，或者艾瑞克森与罗西、西格(Jeffrey Zeig)、吉利根、海利、罗森（Sidney Rosen）等人的对话集，抑或是艾瑞克森本人发表的期刊论文等，里面均有详细记载。不过，有些比较晦涩。

6.1.3 艾瑞克森混乱催眠手法评论

“混乱技术是许多催眠技巧中的一种，可以引导被催眠者进入催眠状态，继而进行包括牙科手术在内的多种催眠治疗。”② 从实践效果上看，这样的混乱技术对催眠导入和病患治疗的确具有巨大影响力，这也是此前诸多催眠师难以企及的关键所在，因为它们属于艾瑞克森孜孜不倦的独创，而且并不仅限于技术操作层面，在理论层面也是凝练而完善的，且得到了实证支持。研究者 Kirmayer 和 Laurence 对此有过评论：“艾瑞克森最重要的贡献并非催眠技术，而在于他为心理治疗实施所带来的价值观或道德观（values or ethos）的改变。”③ 这句话的后半句评论是极具分量的。

当然，如果非要罗列混乱催眠技术缺点，那就是它的可复制性不强，因为它们的流畅演绎主要基于艾瑞克森的个人经验以及催眠互动时应对瞬息万变状况的主观判断等。这些对普通催眠师而言，存在一定难度。同时，存在难度的还有难以等效的信任，即来访者对艾瑞克森的信任远远超过对其他催眠师的信任，何况个体情况千差万别（精神分析认为阻抗性质的差异应当被

---

① ［美］杰弗瑞·萨德. 跟大师学催眠：米尔顿·艾瑞克森治疗实录［M］. 朱春林、朱恩伶、陈建铭、秘鲁等译，化学工业出版社，2010.

② Peretz, B. Confusion as a technique to induce hypnosis in a severely anxious pediatric dental patient[J]. Journal of Clinical Pediatric Dentistry, 1996,21(1): pp. 27-30.

③ Kirmayer, & Laurence, J. Word magic and the rhetoric of common sense: erickson's metaphors for mind[J]. International Journal of Clinical and Experimental Hypnosis, 1988, 36(3): pp. 157-172.

重视与分析）。

基于可复制性不强的第一个缺点，混乱催眠技术的第二个缺点是，它往往带有一定探索性质的失误存在，就连艾瑞克森本人最初尝试探索和创建它的时候也是如此，对此，学习者可参阅艾瑞克森曾经的追随者海利所撰写的《不寻常的治疗》一书。

另外，也有研究者 Stanger，Tucker 和 Morgan 对混乱技术提出一定的质疑，“对于混乱技术能让被催眠者产生更高的催眠反应性（即催眠易感性）这样的假设，使用斯坦福催眠感受性量表对 10 个被试进行测验，结果显示并不支持这样的假设”[①]。对此，学习者或许应当客观看待：用不同的逻辑去验证不同领域的催眠事实，未必合适，何况建构性质的催眠，本来就充满着无限的动态性和灵活性。

此外，学习者还需要注意的是，混乱技术应当为催眠治疗或者积极催眠影响服务，而非炫耀混乱技术本身，否则它将与舞台催眠秀没有区别。学习者或许可以这样来忘记混乱本身：利用是混乱技术的核心，而利用混乱技术又是积极催眠的核心。

最后，“要让技术通过你（操作者）来表现它自己，而不是相反”[②]，以及，荒谬意境与沟通互动之间恰到好处的共振，亟待被展望与验证。

6.2 本章小结

本章主要介绍艾瑞克森混乱催眠手法，从艾瑞克森本人的实践以及其他研究者的模仿和探新看，混乱催眠手法的催眠效果不错。当下，这种被研究者默认统称为“艾氏催眠手法”已经开始被越来越多的专业催眠师所推崇，并且发展出基于不同文化视角的混乱手法。对此，我们也期待着中文（汉语）语境下创新性质的混乱催眠手法被体系化创建并且产生国际化影响。

下一章，本书继续介绍艾瑞克森极具个性化的、很大程度上也具创新性的隐喻催眠手法。

---

① Stanger, T. , Tucker, C. M. , & Morgan, J. I. The impact of a confusion technique on hypnotic responsivity in low-susceptible subjects [J]. American Journal of Clinical Hypnosis, 1996, 38(3): pp. 214-218.

② 张伟诗. 催眠理论与实践 [M]. 北京：中国人民公安大学出版社，2018.

7 隐喻催眠手法

隐喻之“隐”，与暗示类似，主要指代间接方式或潜意识方式，而隐喻主要指代具有某种相似性的比喻。对此，研究者 Lakoff 和 Johnson 指出，“隐喻是人们借助具体的、有形的、简单的始源域（source domain）概念（如温度、空间、动作等）来表达和理解抽象的、无形的、复杂的目标域（target domain）概念（如心理感受、社会关系、道德等），从而实现抽象思维”①。隐喻催眠手法可理解为在催眠前、中、后利用各种隐喻去引导、治疗、启发或影响被催眠者，比如，“在家庭疗法中，可以使用隐喻以间接的方式提供洞察力和暗示，而且隐喻的内容可以根据家庭成员的兴趣和需求而变化”②，“在临床领域，可以改善或治疗以腹痛、肠道习惯改变等症状为主要特征的肠易激综合征……河流的堵塞与症状及其背后的情绪障碍有关，那么，采用疏通的隐喻则可治疗之”③。

与混乱技术类似，隐喻技术自古就有，就如原始巫术活动中，巫师利用云朵变化暗示部落战事结局，或用行云降雨预示五谷丰登等，因此，不能说隐喻技术是艾瑞克森的原创，但可以认为艾瑞克森是系统化将之应用于临床催眠治疗中的第一人。事实上，艾瑞克森在长期催眠治疗中早已形成一套独特的理念和技术体系，而他本人也十分乐于让他的催眠治疗看起来出其不意、出乎意料却又在情理之中。对此，研究者 Kirmayer 和 Laurence 有过评论：“艾瑞克森虽然没有提出系统的心理治疗理论，而他的很多个案治疗也都不涉及

---

① Lakoff, G. , & Johnson, M. Metaphors we live by[M]. Chicago: University of Chicago Press, 1980.

② Brink, & Nicholas, E. Metaphor creation for use within family therapy[J]. American Journal of Clinical Hypnosis, 1982, 24(4): pp. 258-265.

③ Zimmerman, & Joseph. Cleaning up the river: a metaphor for functional digestive disorders[J]. American Journal of Clinical Hypnosis, 2003, 45(4): pp. 353-359.

任何传统意义上的催眠，但他使用了大量的令人信服的反问手法来影响或治疗病人……这象征着心理治疗范式的重大转变……艾瑞克森捕捉到了单词表达中的力量并促成魔法般的影响（或治疗）……但如果对他的技术进行实验测试则很有可能会失败，因为这些技术大都是针对病人及语境的特殊性而具体设计或创造的……”① 而聚焦于他的隐喻手法，同样也有大量研究者给予高度赞誉，比如 Hammond 和 Corydon 指出，“隐喻是艾瑞克森的主要催眠技巧……治疗师应该相信被催眠者（或病人）无意识的自发性，而且使用针对性的治疗策略，这样往往会取得速效”②，Orient 也指出“催眠师最强大的工具之一是隐喻，讲故事是艾瑞克森的传奇心理治疗手段的支柱”③，之后 Konstandinidis，Goga，Lioura 和 Goga 继续指出，“自艾瑞克森以来，隐喻作为创造性的重要元素，在催眠实践中占有重要的地位”④。而正是这些继往开来的手法使得艾瑞克森大获成功，并一再被传扬乃至神化。对此，Hammond 和 Corydon 明确表示：“自艾瑞克森离世后，持续出现许多关于他的治疗神话……（本论文作者）在重新审视这些神话时，参考艾瑞克森的几位得意门生，包括杰·海利、凯·汤普森（Kay Thompson）、罗伯特·皮尔逊（Robert Pearson）和罗西（Ernest Rossi）等人的意见，呼吁应当终止迷信，并鼓励采用开放心态或读原著等方法来正确对待艾氏疗法（Ericksonian Therapy）。”⑤ 更为重要的是，“如果隐喻的结尾是‘让来访者（病人）使用自己的资源解决自己的问题’则十分有益。”⑥ 这应该也是艾瑞克森催眠隐喻的精髓所在，

① Kirmayer, & Laurence, J. Word magic and the rhetoric of common sense: erickson" s metaphors for mind[J]. International Journal of Clinical and Experimental Hypnosis, 1988, 36(3): pp. 157-172.

② Hammond, & Corydon, D. Myths about erickson and ericksonian hypnosis[J]. American Journal of Clinical Hypnosis, 1984, 26(4): pp. 236-245.

③ Orient, J. M. The medical metaphor for nuclear warfare: a critique[J]. Perspectives in Biology and Medicine, 1984, 27(2): pp. 289-298.

④ Konstandinidis, L., Goga, Y., Lioura, T., & Goga, D. Collaborative interviewing in mathematical analogy technique (part iii): adherence to cbt and duration of treatment[M]. Annals of General Psychiatry, 2006.

⑤ Hammond, & Corydon, D. Myths about erickson and ericksonian hypnosis[J]. American Journal of Clinical Hypnosis, 1984, 26(4): pp. 236-245.

⑥ Barretta, N., & Barretta, P. The use of metaphor in family therapy[J]. Australian Journal of Clinical Hypnotherapy & Hypnosis, 1985: pp. 93-98.

也是精神分析与催眠再次结合的核心出发点之一。

按照艾瑞克森的理解，由于催眠师和来访者未必能同时处在一种相同的符号系统里，因此借助那些具有共同性质或者相似性质的内容，就成为一种必然的选择。而那些经过长时间沉淀下来的神话、故事、传说或者生活中的小故事，在催眠互动语境下被催眠师讲述出来的时候，不仅带着共有的文化基因，还带着人本主义的温度与热度，以及精神分析的某种精湛，因此能较好地绕过被催眠者的意识防御体系，进入来访者的潜意识，同时，催眠师还使用较为擅长的联系技术，使来访者的创伤与隐喻故事的解决方案捆绑在一起，这样，当来访者在离开催眠治疗师回归自己日常生活中后，遇见相似创伤场景也能较好激起隐喻中的某些积极应对策略。即便来访者有时未必知道是隐喻在发生作用，或者知道是隐喻在发生作用，但怎样发生作用也未必知晓。

由于前一章我们已经大致介绍艾瑞克森的生平，本章不再重复。不过，关于他的神话及传说似乎也可以成为本章撰写意图的隐喻之一。

7.1 隐喻催眠操作技术

讲故事方式是一种较为常见的隐喻技术。以下这个故事的背景是某位来访者“渴望但又不理解催眠”，艾瑞克森的“新航行体验”① 因此缓缓展开：

> 好，弗莱德（Fred），现在你还没有进入催眠，这很重要……只要合适你就坚持，这很重要……所以在我要你完全体验催眠之前，我要跟你分享一个我划船的故事……
>
> 我一直想去海湾航行，我告诉了我的朋友彼得（Peter），彼得马上提到他的商业伙伴戴夫（Dave）。戴夫在码头有一艘漂亮的快艇，他们正计划周六出航……
>
> 彼得请我一起去，说他确信戴夫会同意……我有点发抖，有点犹豫，既想去海湾，又觉得他们会自行走开……（跟随来访者对催眠的焦虑和渴望体验催眠）至少我希望他们会（接受我）……所以

① ［美］斯蒂芬·吉利根. 艾瑞克森催眠治疗理论［M］. 谭洪岗，吴薇莉译. 世界图书出版公司北京公司，2007.

我马上接受了邀请……

我为出行做了所有准备……（我继续花了10分钟描述准备过程的种种细节）。当我上了快艇，戴夫和彼得都在那儿等我……

彼得看上去非常好，他完全知道要做什么，于是我因为船长很有能力觉得可以放松下来……当然不是马上就放松的……我们喝了咖啡，谈论共同的兴趣，开始建立起真诚的关系（细节化是为了继续让来访者的意识感到乏味，好让他分心，于是“催他入梦”地引他进入更加“白日梦”式的体验历程）……

但周六去码头之前，我发现自己非常紧张、焦虑……我不知道将会发生什么，我有点害怕不再站在熟悉的坚固的地面上（那天早上这位来访者对可能失去他的支持系统的“地面”感到紧张）……

这样过了一会儿我仍然有点紧张，但愿意继续航行……

船长告诉我只要舒服地坐好，不用移动和说话，只要让他去做工作，我可以投入地看风景，享受体验过程……

在他跟我说的时候，我仍有一点紧张……

他是个敏锐的观察者，他注意到了，并告诉我说：我确信你对这次旅程有很多期待……我知道你有点儿兴奋……可能还有点担心……那很正常……我建议你保持着这些感受……（直接导入催眠）充分地呼吸，自由的、舒服的，注意这些感受怎么变化……现在我会掌舵，保护你……你要做的只是放松，以及沉浸到愉快的状态中将会变得那么容易。于是我让自己只是享受旅程，放松下来，学习存在的新的方式（引导来访者放下意识控制，并保证他的安全。进一步的催眠嵌入暗示，因为现在来访者已经产生很好的催眠）……

我继续讲了10分钟故事。期间我强调航行的一些愉快经历，而隐喻性地描述了各种催眠体验。我也用各种对话跟随和引导来访者的内部对话。此外我还直接跟随进行中的回应。例如，来访者左右点头被跟随为船在风中惬意地晃动，这带来如此安全和美好的感觉。

结束催眠时，我描述了我们结束旅程上岸的经过。我直接说：“到了返回的时候了……是再次回到平凡世界的时候了。”这帮助来访者再次定位。他睁开眼睛、微笑、舒展身体、打呵欠、再次微笑。

过了一会儿，他说全神贯注于催眠探索，都听不到我的声音。

他在半小时讨论后离去。

曾经追随艾瑞克森的海利在《不寻常的治疗》（Uncommon Therapy：The Psychiatric Techniques of Milton H. Erickson）中讲述了艾瑞克森的某个隐喻案例，如下：

> 有一对夫妻的性生活存在着冲突，但又不愿直截了当地进行讨论。
>
> 艾瑞克森采用了隐喻的方法来解决。
>
> 他选择这对夫妻生活中与性比较类似的某些方面进行暗示，透过改变这些方面来改变性行为。
>
> 比如，艾瑞克森可能会讨论他们共进晚餐的事，并按他们的喜好进行引导。他和他们一起探讨，妻子多么希望晚餐前能先来点开胃菜，而丈夫却宁愿直接吃肉和马铃薯；也可能妻子希望晚餐有宁静休闲的气氛，惯于快速直接的丈夫，却希望晚餐速战速决。如果这对夫妻开始把正在谈论的话题与性联系起来，艾瑞克森会迅速地随意转向其他话题，然后又回到比喻上面。会谈结束时，他会直接建议这对夫妻选择一个特殊的晚上，安排一顿彼此都会满意的愉快晚餐。当暗示被成功实施时，可能这对夫妻还没意识到艾瑞克森精心设定的目标——隐喻的方法——已经使他们从享用一顿愉快晚餐转而获得愉快的性爱了。

海利接着指出，尽管其他催眠治疗师或者心理治疗师也经常使用隐喻手法，但艾瑞克森与他们最明显的区别是，他不愿意向人们直接解释隐喻的含义。在这一方面，追随者罗西、吉利根和蔡克等人深有体会。有一个令人印象深刻的场景是，每次有人，无论追随者还是病人，问起艾瑞克森这句话是什么意思的时候，艾瑞克森要么沉默以对，要么继续采用隐喻的方式回答，继续将对方推向云里雾里，而且乐此不疲。这也许就是海利所言的艾瑞克森的语言通常采用不寻常的方式之一。

再来看看艾瑞克森另外两个经典的隐喻催眠案例，均来自西格（Zeig）撰写的《跟大师学催眠——米尔顿·艾瑞克森治疗实录》。

第一个案例如下：

一位年轻女士向艾瑞克森求助，她在最近几天发现身上掉落了许多皮肤屑，进而发现全身都长满了干癣，使她即使是在炎热的夏季，依旧需要穿着高领长袖的衣衫。这样的现象使得这位来访者憎恨自己赤身裸体的模样，时刻担心自己会抖落一身的皮肤屑。

该患者的病情引起了艾瑞克森的兴趣，在对该女士的干癣症状进行了初步观察之后，他认定该女士的病情更主要的是在心理层面。因此，他向来访者指出她身上的干癣只有自己想象中的三分之一，在引发了女士的不解后，进一步指出该女士有许多的情绪，她的情绪比起干癣更为严重，身上满是情绪的痕迹。

他的说法引起这位女士的不满，使她愤然离去。

但是，两星期后，该女士来电表示她的干癣症状大为改善，已几乎看不见任何的干癣了，而在这两星期里，她一直在为艾瑞克森的诊断而生气。

不知学习者能从中看到什么样的隐喻。

第二个案例如下：

有一位酗酒者来找艾瑞克森，并叙说其与酒精的渊源："我父亲或母亲双方的父母均嗜酒如命。我的父母与岳父、岳母也都是离不开酒瓶的酒鬼。我的妻子酗酒，我自己更曾经试过十一次酒精中毒的精神错乱现象。对你而言，这八成称得上是祖传的酗酒案例，但不知你有什么解决之道？"

艾瑞克森问起他的职业，他说："当我清醒时，我在报社工作。酒精则是从事这份工作的危机所在。"

艾瑞克森表示："这样吧！我建议你去做一件似乎不对劲的事。请到植物园去看看那些仙人掌，赞叹那些可以在缺水缺雨情况下存活三年的仙人掌。"

许多年后，一位年轻女孩突然到访："艾瑞克森医生，当你初识我时，我年仅三岁，三岁那年，我就随父母搬到加州去了。如今，我住在凤凰城，想借机来看你到底是何方神圣。"

艾瑞克森："那你可得仔细想清楚，不过我很想知道你何以专程跑来评头论足。"

她解释道："会将酗酒者送往植物园观察植物，以借机引导他们不依赖酒精生活的人，即是我渴望亲眼目睹的伟人。自从你将我父亲送往植物园后，我的父母就再也没碰过酒了。"

这是一个相当精彩的催眠治疗个案，其中所蕴含的隐喻技术甚至可与艾瑞克森治疗那位患有抑郁症的女护士相媲美。学习者若是不太理解，亦可重复多读几遍。

7.2 隐喻催眠手法评论

从干预效果上看，隐喻催眠的影响是强大而持久的，特别是"它可以绕过病人的意识阻抗，并间接地与无意识治疗改变的资源沟通"①，即它在绕过人类批判意识而直接影响潜意识等方面具有某种天然的优势。同时，隐喻具有动力性，"将被催眠者的冲突转化为被催眠者的新资源"②，即艾瑞克森催眠体系中的核心催眠理念：利用。

这里，我们对它进行几个简单的总结，以供学习者参考：

第一，隐喻手法一般以有趣的能够吸引被催眠者关注的内容展开，这样不仅能够在短时间提高被催眠者的注意力，而且能为接下来的有序引导奠定基础。而如果与混乱技术相互结合，效果或许更好。

第二，与其他所有技术一样，如果在内容指引和节奏表达等方面较为到位的话，则可能产生强大效果，反之，可能对来访者的影响不大，有时还可产生副作用。

第三，在催眠讲述式的引导过程中，需要不断添加催眠者希望解决的内容，即将催眠咨询或催眠目标引到能够解决来访者身心问题的方向上去。在这一过程中，很有可能出现一定程度的阻抗，或者某些变式的阻抗。对此，有经验的催眠师需要解决阻抗。

---

① Morgan, L. B., & O'Neill, A. Ericksonian hypnosis: a dialogue with charles citrenbaum, mark king, and william cohen[J]. Journal of Counseling & Development, 1986, 65(2): pp. 86-88.

② Steckler, J. T. The utilization of hypnosis in psychotherapy: metaphor and transformation [J]. Psychiatric medicine, 1992, 10(1): pp. 41-50.

第四，阻抗的解决对隐喻催眠的顺利开展十分重要，否则被催眠者有可能因为内心的某种情结或创伤而难以跟进。对阻抗的重视是大部分心理技术方法的重点，虽然有些疗法未必关注阻抗。

第五，有些阻抗需要被重视，反过来说，有些阻抗未必值得花费大量时间。因为，随着核心问题的解决，部分阻抗将自然而然得到解决。但需要注意的是，有些阻抗可能会将隐喻催眠导向问题的核心，或者说，有些阻抗可能与来访者的病源有较大相关。对此，需要灵活处理。

第六，隐喻催眠的内容最好是具身性的，即催眠师所讲的故事，最好能够唤醒被催眠者生理和心理某种程度上的回应，如此一来，进程将越来越顺。同时，如果该内容与被催眠者的文化具有较大相似性，那么对于整个过程而言则是有利的。当然，有时候，非本文化的隐喻故事也是值得推崇的，因为有时候故事的内容可以不必是重点，而故事的形式、逻辑、联系以及发展方向等也可以是隐喻催眠的核心。

第七，有时也将隐喻内容与被催眠者的生活经验相捆绑。这样产生的效果会更好。事实上，这也是前面多次提及的联系。如同艾瑞克森所言，没有联系便没有生机。当然，这并不意味要将被催眠者用“你”这个符号放在隐喻故事中。事实上，按照吉利根对艾瑞克森的观察，几乎没有。不过，学习者在创新个性化的隐喻催眠技术时，也可以不必拘泥于此。

第八，隐喻故事可以在被催眠者处于催眠状态下表述，也可以在被催眠者处于清醒状态时表述。要视催眠者与被催眠者的具体互动而定。而当被催眠者出现一定程度的“游离”时，催眠师可以按照原有的方式继续讲述下去，也可以“等一等”被催眠者。但无论哪种处理方式，被催眠者的潜意识都会知道，而且也很有可能作出相应处理。

第九，催眠师最好要对隐喻有一个比较熟悉的理解和体验，这样一来，就能更好地把脉被催眠者的催眠性反应。需要记住的是，隐喻催眠的思维训练，也可视为一种隐喻催眠技术训练。

第十，可以利用隐喻方式作为催眠导入，也可以利用隐喻方式作为催眠唤醒。所谓法无定法，指的便是如此。

最后，隐喻催眠总是指向积极。因为催眠师有时未必知道被催眠者会有怎样的反应，而积极的内容，无论是否具有症状解决的针对性，都能起到一定作用，即便不能产生治疗效果，至少也能将治疗风险降到最低。

隐喻方法不仅在艾瑞克森催眠体系中得到创新性的深化和拓展，在他的

艾瑞克森在进行催眠治疗（图片源自 Wikipedia）

诸多学生那里也得到较为广泛的模仿和创新，理查德·班德勒就是其中之一。

请阅下一章：NLP 催眠手法。

8 NLP 催眠手法

NLP 全称是 Neuro-Linguistic Programming，翻译成中文即为：神经语言程序学。NLP 技术在本质上与催眠技术并无差异，之所以冠以 NLP 催眠技术名称，乃是强调该技术的身心一体化，与近来十分流行的具身同质，都强调生理对心理的影响如同心理对生理的影响一样，即二者的联系不可分割，但在当时，这样的概念并未被大众认知，因此流行开来的原因依然部分基于其与催眠的天然联系，或者说，经过改头换面的 NLP 看起来不仅远离了催眠的巫术阴影，同时，更加亲近科学殿堂。

8.1 NLP 创始人简介

基于自身兴趣爱好、催眠热潮以及科技发展等机缘巧合，NLP 创始人理查德·班德勒（Richard Bandler）和约翰·格林德（John Grinder）创建并发展该技术。时任加州大学语言学教授格林德遇见正在研究完形疗法的学生班德勒，两人志同道合一拍即合。格林德老师为班德勒研究团队提供很多语言学上的建议，而班德勒则为团队带来直接的催眠体验和灵感。

20 世纪 70 年代，班德勒受加州大学沟通学者乔治·贝特森（Gregory Bateson）委派前往凤凰城艾瑞克森那里观察与学习催眠。[①] 他们的目的很简单，便是研究各个领域里顶尖人物对沟通的理解和实践。很显然，班德勒从艾瑞克森那里获得了诸多灵感，并迅速成为一名催眠沟通专家。之后，班德勒和格林德以合作或单独的形式出版了多本 NLP 及催眠著作，广为人知的包

① 那个时代有很多学习者慕名前来艾瑞克森处学习催眠。这其中包括后来创造家庭疗法的杰·海利（Jay Haley），以及当下依然活跃在催眠一线的杰弗瑞·西格（Jeffrey Zeig）、斯蒂芬·吉利根（Stephen Gilligan）以及恩内斯特·罗西（Ernest Rossi）等。

括《NLP 语言与治疗的艺术：神奇的结构》、《催眠天书：米尔顿·艾瑞克森的催眠模式》和《出神入化》等。《NLP 语言与治疗的艺术：神奇的结构》乃致敬家庭疗法创始人维琴尼亚·萨提亚（Virginia Satir），并由萨提亚和贝特森作序推荐，《催眠天书：米尔顿·艾瑞克森的催眠模式》乃致敬米尔顿·艾瑞克森，而《出神入化》则被过度夸张为可以替代 100 本催眠书籍的书。在这三本书中，同样存在完形疗法创始人弗雷德里克·皮尔斯（Friedrich Perls）的深刻影响。可以这样说，这四位顶级人物对 NLP 的贡献是无可争辩、无与伦比的。

与此同时，研究者对 NLP 的观察和验证也带来某种角度的评论和启发，比如 Forman 指出可利用 NLP 技术“处理夫妻问题，增加夫妻关系”①；Betts 指出，“与传统心理疗法不同，NLP 较为完善地融合分析、人本、行为和认知等优势，是一种有效的治疗技术”②；Curreen 表示“能够较好地应用于商业催眠和司法催眠”③；Hammond 和 Corydon 结合 NLP 技术“改善一位芭蕾舞演员的身心创伤，并增强其信心”④；Kirenskaya，Novototsky-Vlasov，Chistyakov 和 Zvonikov 指出“NLP 能够改善情绪”⑤；Churches 表示“NLP 能够提高教师教学策略影响的有效性”⑥，Reinhard，Sanger，Hanker，Reichenbach，Yuan，

---

① Forman, B. D. Neuro-linguistic programming in couple therapy[M]. Affective Behavior, 1986.

② Betts, N. C. Neuro-linguistic programming: the new eclectic therapy[M]. Counseling Effectiveness, 1988.

③ Curreen, M. P. A simple hypnotically based nlp technique used with two clients in criminal justice settings[J]. Australian Journal of Clinical & Experimental Hypnosis, 1995, 23(1): pp. 51-57.

④ Hammond, & Corydon, D. Self - hypnosis and osteopathic soft tissue manipulation with a ballet dancer[J]. Contemporary Hypnosis, 2010, 20(4): pp. 209-214.

⑤ Kirenskaya, A. V. , Novototsky-Vlasov, V. Y. , Chistyakov, A. N. , & Zvonikov, V. M. The relationship between hypnotizability, internal imagery, and efficiency of neurolinguistic programming[J]. International Journal of Clinical and Experimental Hypnosis, 2011, 59(2): pp. 225-241.

⑥ Churches, R. Training in influencing skills from neuro-linguistic programming (modelled from hypnosis and family therapy), in combination with innovative maths pedagogy, raises maths attainment in adult numeracy learners[M]. Online Submission, 2012.

Herrmann 和 Louwen 则指出“应用于临床治疗领域的 NLP 有助于分娩”① （事实上，催眠分娩的报道亦不少）等。如果结合其他不胜枚举的案例看，使用得当的话，NLP 的治疗影响及生活影响实在不可小觑。

当下，NLP 同样被大型企业、中高层管理者、市场营销人员以及广大专业研究者接受并实践，比如 Apple、Google、BMW 等企业均将 NLP 作为公司员工发展与成长的培训内容（近来又多了正念课程）。可见，它的存在和发展还是有一定的合理性，即便研究者对它提出诸多批判，特别是班德勒所不太感兴趣的 NLP 理论基础，比如 Coe 和 Schahcoff 指出“NLP 技术并非都有效或者都正确，实验验证结论是参半的，即它还需要更多的实证支持”②，Craft 和 Anna 指出“质疑 NLP 的认识论基础……尽管它对教育等产生影响，但它仍然是一种策略，而非理论或模型”③，Kotera 和 Sweet 则表示“NLP 需要更严格、更标准化的检验以减少研究者的学术偏见，虽然它的直接效果似乎不错”④。

8.2 NLP 催眠操作技术

我们来简要观察下 NLP 的具体技术。

首先，在催眠引导部分（或可视为催眠本身），可采用“三个肯定+”技术。这里的前“三个肯定”指的是可被证实的内容，而后面的“+”指的是依据催眠进程或者目标导向随机应变开展的内容，可以是即时可被验证的，也可以是难以证实或者无法立即证实的，当然，也可以是催眠引导者准备介入代表来访者问题的重点方向。

---

① Reinhard, J; Sanger, N; Hanker, L; Reichenbach, L; Yuan, J; Herrmann, E; Louwen, F. Delivery mode and neonatal outcome after a trial of external cephalic version (ecv): a prospective trial of vaginal breech versus cephalic delivery[J]. Archives of Gynecology and Obstetrics, 2013, 287(4): pp. 663-668.

② Coe, W. C. , & Schahcoff, J. A. An empirical evaluation of the neurolinguistic programming model[J]. International Journal of Clinical and Experimental Hypnosis, 1985, 33(4): pp. 310-318.

③ Craft, & Anna. Neuro-linguistic programming and learning theory[J]. Curriculum Journal, 2001, 12(1): pp. 125-136.

④ Yasuhiro Kotera & Michael Sweet. Comparative evaluation of neuro-linguistic programming[J]. British Journal of Guidance & Counselling, 2019, 47(6): pp. 744-756.

先来看“三个肯定”，如下：

> 你坐在椅子上……可以感觉身体部位接触椅子……也可以感觉到自己的手臂如何交叉着……当你意识到自己双臂如何交叉时，你将愈来愈放松……

这里，坐在椅子上是第一个可以被肯定或被验证的内容，身体部位接触椅子则是第二个可以被肯定或被验证的内容，第三个双臂如何交叉也是可以立即被肯定或被验证的。但接下来的内容则不必继续遵循这种逻辑：

> 你的双脚碰触地面……可以听到屋外的风声……也可以感受到空气的温度……你也可以听到我的声音……当你保持时将越来越舒畅……而且你不知道我接下来要说什么……

这里的“我要说什么”就属于难以证实或者无法立即证实的内容，当然，这个内容也可以换成某种实体，比如，某个地方现在天气怎样、是否下雨等。而在这种流畅的引导过程中，可以在多个肯定之间加入适当的、听起来比较自然也比较流畅、同时能够将来访者导向积极方向的连接词。这里，我们以《出神入化》中的三个技术为例：第一个是重叠表象，第二个是负载过重，第三个是合并。

第一个，重叠表象如下：

> 如果把经验以感官来分类，会有视觉类、听觉类、触觉类、嗅觉及味觉类。后两类在人们经验中占比不大，除非你正在煮饭或吃东西。我们将这些称为表象系统。在催眠中，找到对方正常状态下惯常使用的表象系统将大大有益。比如，来访者走进诊所时说：“……我有时会很‘暴躁’，我想要‘放松’自己，好‘消除’我生命里一些窘境。”这里几乎都与触觉有关。
>
> 或者“喔，我喜欢这里的风景，我得找个可俯视整片海洋的地方……因为这实在是太漂亮了。”这里给的是视觉信息。因此，我会以视觉为话题切入，如下：
>
> “你喜欢海滩吗？”

“喔，是的！”

“你可以睁眼也可以闭眼……当我描绘海滩时……我邀请你跟着我……去海边……尤其是像今天这样的日子……你看到清晰明朗的天空……再往四周观看……可以享受到……清净的空气……往下凝视，看到自己的脚踩在沙滩上……然后你的视线越过海洋……看到海浪……海浪从地平线那端滚滚而来……每一道海浪都有自己的独特造型……你现在走两步……到水里去就能感觉在你脚……及脚踝周围冰冷奔腾的海水……你真的可以去享受这种感觉……

现在如果你向海滩上看去，可以看到一个熟悉的身影……某位你没有想到会在这里碰到的人……然后你用力挥手……那个人一边叫一边向你跑过来……”（省略一大段很长的催眠引导）

这时可以在重叠基础上，尝试转换表象系统，比如从触觉到视觉。比如：

“你看到天空飘动的云彩……而且当你看到飘动的云彩时，就能感觉到微风吹拂着你的脸”。这里，被风吹动的云是视觉意象，而与触觉的重叠点是，风吹拂在她脸上的感觉……

在这一文段中，学习者可以观察到比较详细的催眠操作技术，特别是重叠点的转换以及先模拟后引导的理念等。但学习者需要注意的是，嗅觉和味觉在感官功能中虽然占比不大，但它们的权重却不小，即：较小的表象或较小的刺激均有可能带给个体较大的冲击，并导致相关联的记忆十分深刻，这也是部分临床催眠师常常进行催眠后暗示治疗的重要缘由之一。另外，表象系统有时也被人们称为“优势通道”。学习者如果感兴趣，可以进一步搜集对 NLP 批判的相关论文或著作。

接下来的第二个，是负载过重（有时也被称为信息超载），具体如下：

超过“7”这个数字，人类意识处理开始出现负载，出现错误的可能性增大，如此一来，人们就有可能直接把资料传送到潜意识中，并作出反应。

要使一个人注意力负载过重，最快的方法就是让对方的精神集中于复杂的内心经验上。

我们来做点小小的改变。

我握住杰克的手，想使他的意识负载过重，所以我说："你只要放松地坐在这里。我要碰触你不同的手指，而且我会在摸着它时念出它的名字。你只要判断我所做的是否正确。"

然后我开始碰触它们，并给予命名，"无名指、中指、小拇指、中指、无名指、食指、大拇指"（他碰触小拇指）。

凡我出现一个"错误"他就会做刚才那个动作；他的瞳孔放大，呼吸中带有一些迟疑。他必须花时间在计算上。找出我发生错误的时间，比找出我做对了的时间更长。

我继续下去，最后会变得"错误百出"。

很快的，他被这个复杂的情况所盘踞，而为了抗拒，他反而进入到深度入神状态中去。这时，我会说："当我这次碰到你的食指时（事实上我碰触错误的指头），你会更加放松"。

我会继续让他负载过重，使他朝着我所期待的方向发展。

……

也可以要求被催眠者从1000以三分之一的倍数倒数，每一个分数的分子、中线、分母都在视觉上给予不同的色彩，而且每一个连续分数的中线和数字都要有新的色彩替代。然后你可以加上类似这样的建议"随着每个数字，你会更加沉睡"。

然后，开始催眠过程……

在这里，学习者可以看到负载过重有几分混乱催眠技术的味道，而如果学习者继续深入研究特别是深入练习的话将会发现，NLP的多种技术都似曾相识。的确，模仿元素在NLP催眠技术中十分受重视，因为NLP技术本身就是对四位大师治疗技术模仿的结果，之后再将模仿研究结果转化成一套可以被模仿的技术程序推而广之，如同神经分布一样。

接下来是合并技术，如下：

如果有不寻常的事情发生，不论是内在——病人表现出来的深远反应——或是外在的——门突然关上或是有人不小心撞倒病人坐的椅子，最不好的处理方法就是装作它没发生过。这时你会失去病人对你的信赖及亲和感，因为他（她）必须知道，你对他（她）的经验感受是很敏感的。比如，被催眠者曾谈到她在进入催眠时，会听到谈话声音中有嗡嗡的杂音。

……

催眠者：像什么。

被催眠者：蜜蜂。

没错。这时，你可以合并那种嗡嗡声，并说道："屋子里谈话中的嗡嗡声，会让你想起以前一个温暖的快乐暑假。你躺在凉爽的草地上，可以听到蜜蜂的声音，感觉到脸上温暖的阳光。"

但如果对方表示害怕蜜蜂，该怎么办？（如果你正在观察，应该可以从反映中看出对方的确害怕蜜蜂）

可以继续合并："而且知道那些蜜蜂是从另外的时空来的，你现在正舒服地坐在这个房间里。"（你带对方离开他（她）认为危险的环境，让对方的精神集中于现在的时空。或者你可以让对方成为一只蜜蜂，发出嗡嗡声）。①

其他情景类似处理。

上述之外，枝丫纷繁的 NLP 技术还包括简单引导，语言模拟及引导，非语言模拟及引导，影响力引导，模式干扰、利用、重新架构和新行为促进法等，学习者可直接阅读原著。值得注意的是，现有的 NLP 中文翻译本中均将 induce 译成"诱导"，为体现人本主义和积极心理学倾向，也为保持与本书作者的其他教材专著等的统一，本书作"引导"之翻译。

最后，顺带提及 NLP 催眠技术验证要点，正如班德勒和格林德所言，"一般人入神时（催眠恍惚状态）的特征，首先是脸部表情的不协调，然后变成比正常更协调的面部表情……一般肌肉的放松、小幅度的肌肉跳动，脸红以及呼吸模式改变等"②。

8.3 NLP 催眠手法评论

虽然 NLP 催眠技术并不重视本身的理论建构，但从其历史发展进程看，它并不缺乏语言学和计算机科学等根基，因此，后续的学习者如果感兴趣，

① ［美］约翰·格林德，理查·班德勒. 出神入化［M］. 内蒙古出版社，2003.

② ［美］约翰·格林德，理查·班德勒. 出神入化［M］. 内蒙古出版社，2003.

不妨进行一定程度上的梳理，并提出新的理论模型。

在实践层面上，NLP 催眠技术效果可以说是经受了一定时间的检验，但其看似复杂的技术往往会让学习者产生一定的困惑，即：当学习者模仿练习到熟练程度的时候，往往需要回归理论层面，而 NLP 催眠理论层面的薄弱总会让学习者产生困惑（有时是灵感或创意），继而反过来对技术提出新的质疑，而根据本书作者的观察，很多研究者最后又回归到了艾瑞克森催眠手法那里：衍生的技术虽好，但技术源头更具生命力。

需要提醒学习者的是，在技术学习层面上，学习者或许不必完全按照 NLP 的语言学要求说话（包括口气），因为它不仅是一件很繁琐的事情，同时未必能够发生效用，对此，学习者不妨翻阅班德勒和格林德代表作之一《NLP 语言与治疗的艺术：神奇的结构》这本书，将会看到两位作者对催眠引导语句进行大量的拆分整合，并提出个人的看法和建议。如果作为参照视角学习的话，无疑，这种做法值得提倡（如同本书的评论），但需要提醒学习者注意的是，即便（或者如果）将滚瓜烂熟的语句原原本本应用于催眠引导与干预过程，也未必能够得到理想的效果，因为语境不同，也因为催眠师主观视角的理解未必能够完全反映被催眠者的催眠心态或催眠状态。如同在台上给观众示范精神分析过程一样，来访者未必会表现出与咨询室里单独面对分析师一样的反应。从本书作者以及其他同行研究者的观察来看，两者往往不一样，不可简单等同。因此，本书想要强调的是，学习者在逐句逐字对文段进行分析的同时，不要忽略整体的意义，即应当把“文句、文字、逻辑、象征等”与“催眠语境”及“被催眠者的心境”联系起来，这样才能更为自如地理解并使用包括 NLP 技术在内的多种催眠手法。

除了语境分析外，类似的启发还包括催眠操作者是否自我觉察，也就是说，催眠师在使用 NLP 催眠技术的时候，是否能够清晰地、整体地意识到这样的手法在整个过程中处于坐标中的何处。具有重要参照意义的是，对 NLP 产生深刻影响的艾氏（艾瑞克森）催眠技术也存在同样的困境：当年追随艾瑞克森的海利将艾瑞克森的催眠治疗语言录制下来并在整理时反问艾瑞克森，这里说的话是不是这个逻辑？那里说的话是不是那个意思？结果，出乎年轻海利的意料，艾瑞克森有时模棱两可地给予回答，有时直截了当地告诉他，自己也不知道当时为什么这么说，或者忘记了当时说这话的初衷（艾瑞克森在催眠治疗时，有时会与来访者同入恍惚状态），再或者表示，潜意识要自己这样说，自己便就这样说了。有意思的是，萨提亚和皮尔斯等人的语言有时似乎也是如此。

这或许给学习者带来某种程度上的启发。至少，学习者需要认识到，模仿或应用 NLP 催眠技术也需要灵活性，特别是倾听来访者或自己的潜意识声音。这本身也是 NLP 模仿复制的成功之处：看似庞大复杂的体系往往具有左右逢源、得心应手的解释优势，而且越复杂越具有优越。

当然，反过来，学习者也应当看到 NLP 催眠手法的强大优势，它不仅为学习者理解人类主观经验及其心理组织过程提供一种新的视角或方法，特别在改变个体对现实世界的某些限制与反应方面，同时如班德勒和格林德所说的那样："它的过程快而效果持续，肯定善意因而无副作用，有效激发潜能、扩张成功至无限，以及终生学习，永继成长"①。虽然从今天视角看，这样的优势似乎并非 NLP 催眠手法的独特优势，但如果联系到当时传统心理疗法的弊端、治疗过程的繁琐以及治疗效果的不稳定等，这样的优势已经足够优秀了。所以，NLP 自创立之后，就被十分广泛地应用于心理治疗、身心保健、教育暗示、商业应用特别是销售谈判、管理领导、创新创造等方面，而且效果良好。

还有一个问题值得思考：如果把 NLP 技术创造之前的催眠技术称为 A，把当下的催眠技术称为 B，那么，NLP 技术与 A 或 B 的本质区别是什么？按照班德勒和格林德的寄意，NLP 技术本身也应当是与时俱进的。果真这样的话，那么发展到今天的 NLP 技术与传统的 NLP 技术是否存在本质差异？如果有，这些差异是什么？如果没有，是否说明它的生命力正在逐渐黯淡？或者，它又与当下的非传统视角的催眠手法有什么曲折联系？

最后，学习者如果仔细观察的话将会发现 NLP 催眠手法在使用时往往不要求对方闭着眼睛，那么，这与同样不要求被催眠者闭着眼睛的清醒催眠手法有何异同？

请阅下一章：清醒催眠手法。

① ［美］约翰·格林德，理查·班德勒. 出神入化［M］. 内蒙古出版社，2003.

9 清醒催眠手法

清醒催眠手法与 NLP 催眠手法存在很大重叠，如果仅从是否睁眼这个角度看，两者几乎可以等同，而如果透过现象看本质的话，两者则存在不少区别。这个学术话题我们将在其他地方详细阐述，这里继续介绍清醒催眠手法。

清醒催眠与恍惚催眠相对，主要强调发生于被催眠者清醒意识状态下的催眠引导、催眠干预以及催眠影响等。学习者在了解清醒催眠之前，有必要简单了解下清醒暗示、清醒催眠和恍惚催眠，以及它们之间的联系。按照艾尔曼的逻辑，清醒暗示主要指代被催眠者处于清醒意识状态下给予其暗示，比如屋子里有人打了一个哈欠，（意识清醒的）其他人也会慢慢跟着打哈欠，而恍惚暗示则主要指代被催眠者处于意识恍惚状态下给予其暗示，它们二者的区别是意识状态是否发生改变。清醒催眠与恍惚催眠相比较，除了意识状态是否发生改变外，这两种催眠手法还在时间成本、效率效果以及是否契合来访者性格特征等要素方面存在差异。比如在时间成本方面，从平均数上看，清醒催眠较恍惚催眠更能节约时间成本，而在其他方面，“被催眠者可能会对清醒催眠怀抱更多信心，因为它看起来并不那么具有威胁性，而且也与媒体所呈现的舞台催眠不同”①。

本章主要介绍艾尔曼（Dave Elman）和麦吉尔（Ormond McGill）的清醒催眠手法。

9.1 艾尔曼清醒催眠手法

本书第 2 章已经介绍过艾尔曼生平，这里不再重复。学习者需要记住的

① Antonio Capafons. Waking Hypnosis for Waking People: Why from Valencia?［J］. Contemporary Hypnosis, 2004, 21(3): pp. 136-145.

是，除了催眠速度快、效果好之外，清醒催眠也是艾尔曼所擅长的。

9.1.1 艾尔曼清醒催眠操作技术

下文内容介绍艾尔曼利用清醒催眠如何解决自己孩子的噩梦问题，属于生活中的清醒催眠应用：

当 Jackie 五岁的时候，他养成了在睡眠两个小时后醒来的习惯。他常常从睡梦中惊醒。经过母亲的多次安抚，他尝试入睡，但很长一段时间都没有成功。

一天晚上回到家，我（艾尔曼）发现他正在痛苦地哭着。他告诉我关于噩梦的事。我对他说："你不必被噩梦吓倒。有一种非常好的治疗方法可以对付它们。爷爷以前给我买了一些噩梦疗愈药，我吃了之后再也没有做噩梦了。他给我那份噩梦疗愈药已经有一段时间了，我不知道药店是否还有，但我很乐意打电话给药店，看看他们有没有。"

Jackie 说："噢，爸爸，你能帮我吗？如果他们没有，也许他们可以订购一些。"

我离开卧室，走进另一个有电话的房间，假装给药店打电话，然后挂上听筒，走进儿子的房间说："药剂师告诉我，他马上就送来，我们要做的就是等几分钟。"

随后，我找了个借口，走进另一个房间，让妻子到大厅里去按门铃，但要安静地做，这样 Jackie 只会听到门铃响，而听不到她走进大厅的声音。然后我回到儿子身边。

很快，门铃响了。我告诉儿子，那一定是噩梦疗愈药。于是去开门，在门边，我对儿子喊道："噩梦疗愈药在这里，我一打开包裹就给你拿来。"然后我走进浴室，在一个空药瓶里装满了清水，在瓶子上贴了一个标签，上面印着"噩梦疗愈药"。然后，我拿了一个普通的玻璃杯，盛满了水，把药瓶和水带到儿子的房间里，对他说："这有点苦，所以我给你一茶匙的药后，你最好准备把水喝掉。"我倒了一茶匙，把它给了儿子，他很快就喝了一杯水。然后我吻了他，告诉他说他会在一分钟内就睡着了——而他做到了。在那之后，他没有再做噩梦，因为每天晚上他都要在上床睡觉前吃噩梦疗愈药，然后他会睡整晚。

他很自豪地说，自己可以不用喝水也能喝下噩梦疗愈药。

多年以后，在与儿子在谈论这件事情时，儿子告诉我，后来他也知道了那是一种催眠方法，但在结婚后他还一直保持睡前喝一小口水的习惯。

在这里，学习者可以清晰地看到艾尔曼儿子在清醒状态下被艾尔曼的策略影响了，并且带来感觉上的变化：正常的水变成了苦的味道。这种感觉器官的功能变化在很大程度上可视为清醒催眠的特征，而且与恍惚催眠相比，在后续的症状改善、思维行为模式改变等方面未必都逊色。

学习者再来看看临床领域中的清醒催眠应用。

某位放射科医生在准备钡灌肠时，不愿使用清醒催眠。虽然他认为钡灌肠是放射学中最令人不愉快的步骤，但他觉得我（艾尔曼）的方法无异于欺骗病人。他通常会告诉他们："我必须让你接受一个不太舒服的手术，但我会让你尽可能感到轻松。"

我告诉他说，这才是对病人说谎，因为这个手术并不会很不舒服。

我说，如果我是放射科医生，我会这样对待病人："你很幸运，今天能来这里。医生说你最近经历了很多痛苦。我需要拍几张X光片，为了拍出来，我要在你的胃壁上涂上有史以来最舒缓的药物。"

这位放射科医生拒绝告诉病人任何如此"荒谬"的事情，直到有一天他不得不给一位已经感到极度不适的病人做手术。出于绝望，他尝试了我的方法。病人松了一口气，事实上，他很享受钡灌肠。放射科医生现在一直使用这种方法。他遇到的唯一问题是，一些病人非常享受这种"舒缓药物"，以至于他们保留了钡，并拒绝让它离开。

病人不想让"舒缓药物"钡离开，是一种副作用吗？

即便是，也是积极的副作用。

除了上述个案外，还有诸多清醒催眠的案例，其效果在麻醉方面尤为显著（艾尔曼的学生很多是牙科医生和麻醉师）。之后，艾尔曼成功地探索出深度催眠方法，并让被催眠者进入昏迷状态，其所产生的麻醉效果甚至超过了历史上著名的Esdaile① 麻醉效果，同时也大大缩短了伯恩海姆等人的深度催眠时间。这也是艾尔曼颇为得意的创新。

接着，艾尔曼提出包括清醒催眠在内的催眠理解是绕过批判能力而进行的一种选择性思考的植入。他用新鲜鸡蛋变臭（实际上鸡蛋并没有变臭）的例子来阐述他对于清醒催眠的理解：那些给他们一百万也不肯吃这个臭鸡蛋的观众，产生了视觉上和嗅觉上的幻觉。另外一个案例则是被医生过度关注的护士，将会怀疑自己的衣服出现问题。艾尔曼告诉学习者，他们都没有进入传统视角的类睡眠状态或者恍惚状态，而这些影响就是所谓的清醒催眠。

接着，艾尔曼又继续指出，清醒催眠用于临床方面，应当是降低病人的焦虑和缓解痛苦，甚至是消除痛苦，因为消极的清醒催眠（以及恍惚催眠）很有可能带来不可挽回的错误与风险，极端例子就是精神错乱与死亡。对此，艾尔曼也例举了催眠致死的真实个案。

9.1.2 艾尔曼清醒催眠手法评论

艾尔曼虽然较少探索催眠理论，但他进行了持续较长的、范围较广的催眠实践探索，这些实践效果特别是临床应用在很大程度上验证了他对于催眠正确的、深刻的理解。因此，它们在很大程度上具有较强的说服力。艾尔曼的催眠手法也因此受到专业催眠研究者和专业医生的重视，虽然他自嘲自己并无较高学历亦也无较高职称。

如果非要找一个瑕疵的话，便是艾尔曼关于清醒催眠的理念，这也是他与艾瑞克森催眠手法的重要区别之一：催眠并非仅为一种治疗工具，它同时也是一种生活智慧或一门生活哲学。也许部分研究者对此并不赞同，且会反驳说艾尔曼也同样身体力行，但我们看到的事实却是：并不明显。

9.2 麦吉尔清醒催眠手法

麦吉尔在长期的舞台催眠表演中积累了极为丰富的经验，因此他对于清

① James Esdaile，麦斯麦术（Mesmerism）追随者，在印度6年时间里，用麦斯麦术施行约300次大小手术，患者均报告没有痛苦。其中，阴囊肿瘤切除手术中，使患者死亡率从50%下降至5%。麻醉状态有时也被称为Esdaile状态。

醒催眠的理解也是较为简洁的。麦吉尔的原话是“催眠状态并不是无意识的睡眠状态，而是一种能够让外来的暗示越过意识，直接通过潜意识引发行动的精神状态。只要条件合适，无需正式的催眠过程，就可以在目标对象保持清醒的状态下达到催眠效果。”①

对此，学习者不妨先来一睹他的技术。

9.2.1 麦吉尔清醒催眠操作技术

这虽然是舞台上的催眠秀表演，但其间所蕴含的原理与技巧别出心裁，同样值得关注。

首先是双臂高低练习②：

> 这一练习可以对全场观众开展，而那些反应最明显的观众通常最适合接受催眠，可以邀请他们到舞台上来……
>
> 现在，所有人站起来，双臂向前平展，右掌心向下，左掌心向上。双臂保持在同一高度。闭上眼睛，集中注意力考虑我下面要说的内容。
>
> 现在想象你的右手腕上绑着一枚砝码，非常重，拉得你的右手臂越来越向下沉。感受一下砝码的重量，你的右手臂被它压得渐渐沉了下去。
>
> 而你的左手腕上则绑着一个氢气球，给你一个向上的浮力。感受一下气球的拉力，你的左手臂被它渐渐拉了起来。
>
> 一边说，一边观察每个人的反应，你会很快发现，许多人的双臂都不会再保持在同一高度，一些人的反应比其他人更强烈。等到你找出反应最强烈的那些人，本小节就可以结束了。

这里的双臂高低练习与前述的HMI睡眠催眠手法类似，因为麦吉尔本人及弟子与HMI（美国催眠动机学院）结缘深厚。

---

① [美] 奥蒙德·麦吉尔. 催眠术圣经 [M]. 严冬冬译，长春：吉林文史出版社，2010.

② [美] 奥蒙德·麦吉尔. 催眠术圣经 [M]. 严冬冬译，长春：吉林文史出版社，2010.

我们再来观察一下他的“口吃与忘名”[①]：

……等到他出现专注的表情，让他说某个多音节的词，例如“密西西比”。

他说完以后，暗示现在你再也无法正常说出这个词，说的时候一定会口吃。无论你怎么努力，也无法消除口吃的效果。无论你怎么努力，也无法正常说出“密西西比”这个词，而是一定会口吃。

密……西……西……西……西……比……

你不可能顺畅地说出这个词……

当目标对象开口尝试时，就会发现他根本无法正常说出这个词，并且口吃会越来越严重。然后你再轻声说，好了，现在你可以正常说出这个词了。开口说……密西西比……其实很容易。目标对象会小心地重复一遍，发现自己又可以正常说话了。

然后突然大叫，闭上嘴……闭紧……再紧……再紧……一边抚摸目标对象闭紧的下巴，一边快速暗示，你的下巴已经彻底锁紧了，你根本无法张开嘴，无论怎么努力都没有用，你张不开嘴……

接着暗示，事实上，你现在连自己的名字也记不得了。你已经彻底忘了自己的名字。现在你可以开口说话了，但仍然说不出自己的名字。说你好。目标对象会开口说你好，然后你接着暗示，你现在可以说话了，但还是说不出自己的名字，因为你已经忘了。

用右手食指直指目标对象的额头，继续暗示，你无论如何都记不起自己的名字，但你现在可以说话了。你的名字是什么？努力想，但你怎么都想不起来……

……好了，现在一切都结束了。你可以回忆起你的真名了。你的名字究竟叫什么？放松下来，告诉我你的名字究竟是什么。目标对象会说出自己真正的名字。

接着，麦吉尔指出，无论舞台表演还是日常生活，清醒催眠的基本原则是：第一要专注，第二要绝对自信，第三语言表达要精妙，第四无须被催眠

---

① ［美］奥蒙德·麦吉尔．催眠术圣经［M］．严冬冬译，长春：吉林文史出版社，2010.

者进行理性思考，第五所给予的暗示内容能够被接受，第六至少不被反驳，等等。而如果在这一过程中，再加上前面提到的视觉意象，则清醒催眠效果将更加显著。

9.2.2 麦吉尔清醒催眠手法评论

与念动催眠手法类似，麦吉尔的舞台催眠和催眠干预是成体系的，也是有主干线的。无论是在精彩的舞台场景中，还是在严谨的临床治疗中，麦吉尔的清醒催眠手法始终紧紧围绕人性需求这一关键点。比如在舞台催眠语境中，观众的需求点是好奇和观赏，被挑选上来的表演者的需求是扮演和借舞台催眠这个地方突破日常生活中的某些禁忌，而舞台催眠师的需求则是满足观众和被催眠者的需求，等等。也正是对人性的透彻了悟，才使得麦吉尔的清醒催眠看起来更多了几分浪漫和学术味道。当然，麦吉尔也同样著书立说，这充分体现了他与其他舞台表演者的区别。

总体而言，麦吉尔的清醒催眠理念、技术和理论等均较为成熟，如果他专心在临床治疗领域发展，成为顶级临床催眠师也是可期的。

9.3 本章小结

关于清醒催眠手法的要点，这里结合本书作者的实践经验，简要整理总结如下：

第一，从实践操作和文本综述上看，清醒催眠所涉及的范围和频率远远高于恍惚催眠。这可能说明清醒催眠具有更为广阔的应用时空。

第二，从技术难度上看，有效的清醒催眠未必比恍惚催眠更简单，因为清醒意识常见，但持续的恍惚状态少见。何况，只要将被催眠者导入到恍惚状态中，其他技术的影响就将变得较为轻松，而清醒催眠主要考虑如何绕过被催眠者意识的阻抗，并且将所要传达的影响植入到其看似清醒的意识状态中去。

第三，清醒催眠人人都可以尝试，但恍惚催眠需要专业技能。换个角度，对人性深刻认识的文学家、沟通学者、诗人或者歌唱家等都可以有意无意地创造或实现清醒催眠，但让被催眠者持续处于恍惚状态中并进行深度影响的，一般为精神病学家或专业催眠师、心理咨询师等。这时候，心理学的专业性和治疗经验的丰富性就体现得较为明显。

第四，与恍惚催眠相比，清醒催眠对环境等外界因素的要求并不高，而且更具隐蔽性，在日常生活中的诸多场景均可实现，而恍惚催眠一般发生于干扰和变量较少的治疗室或咨询室里。当然，这两种催眠手法各有优势，关键要视来访者或者目标对象的具体情况而定，而且，很多时候，彼此之间是可以转换或互动的。

第五，如果来访者对恍惚催眠比较抗拒时，可适当使用清醒催眠，反之，如果来访者对清醒催眠比较抗拒时，可尝试恍惚催眠。催眠技术本身具有灵活的特点。

第六，在临床催眠治疗过程中，往往交替伴随着清醒催眠状态和恍惚催眠状态，而在日常生活、教育、消费等领域，单一体现为清醒催眠状态的情景较多。

第七，本书作者赞同催眠需求的重要性，但要区分咨询目标、治疗目标或影响目标的需求是否匹配被催眠者的意识需求和潜意识需求，换句话，如果被催眠者在意识层面提出需求 A，但来自潜意识的需求 B 不被其认识，而催眠师根据互动交流情况，提出目标 C，A 与 B 及 C 各异。这时，催眠师该如何处理呢①。

第八，无论清醒催眠还是恍惚催眠，都要有一个衡量标准，即催眠互动应当有利于个体身心健康及社会和谐发展。

最后，学习者或许会有这样的想法：清醒催眠与恍惚催眠是相通的，而且究其本质归宿皆为自我催眠。对此，可阅本书第 12 章自我催眠，不过在此之前，学习者很有必要了解下常被忽略的、带有中华文明特色的催眠手法。

请阅下一章：中式催眠手法。

① 本书作者经常在课堂内外、线上线下以困惑形式及内容反问学生。

10 中式催眠手法

传统中式催眠代表性人物主要有陶成章、余萍客和鲍芳洲等人。他们一方面为科普催眠作出贡献，另一方面为传统中式催眠整理及创建提供范本。如果考虑到他们所处的时代背景与科技背景，他们积极引进、研究与传播科学催眠之举将更为人们所称道。

10.1 陶成章催眠手法

10.1.1 陶成章简介

陶成章，字焕卿，别号匋耳山人，自称会稽先生，浙江省绍兴府会稽县陶家堰西上塘村人，革命家，中国催眠先驱，曾在日本求学时研究催眠，之后回国开办催眠学习班。

按照陶成章（1905）自己在《催眠术讲义》弁言中的说法是："壬寅夏季，东渡日本，旅居东京，偶于书肆中见有所谓催眠术自在者，奇其名称，购归读之，读竟，益奇其说，复多购他种，自习研究，稍有领悟，去岁复因事游东京，与彼国精斯道者日夕讨论，且从之学，观其实验，益有心得，归国以来，旅居海上，诸友均知予之习斯道也，咸来咨问，通学所诸执事，且邀余居讲席，余因各国研究斯道，日有进步，且于教育医道，均有莫大之利益，遂不辞而主讲，讲毕，即以讲义付印，以公同好，更欲使世之起怀疑者，俾得了然于人心作用之原理云尔。"

10.1.2　陶成章催眠操作技术

我们先来看下他关于“暗示之运用”的技术理解及具体表达①。

第一，看破感受性之程度。欲暗示而成功也。必先发现被术之精神状态。此最重要事也。

第二，选定适度之暗示。例如施催眠术以行外科手术，则必其人之催眠状态。进至疼痛无感之程度而后可。

第三，暗示者以惹起被术者之健全自己暗示为目的。

第四，暗示须明了。

• 思想须明了。例如当治疗神经痛患者时。术者心中须先有成见。抑使神经痛全治之暗示。抑行减痛之暗示。不可不有一定之思想也。

• 文章要明了。若言语不明。则其暗示甚不完全。世人每有自己思想充足。而苦不能发表者。此等人为催眠术者。其成功甚难。暗示之言语。不可不明了。故宜深注意也。于前例与神经痛全治之暗示。定后明白暗示曰。【君之神经痛全去了。】

• 言语之用法要明了。暗示所用言语。其意须被术者所解者。若被术者所不解之言语暗示。虽如何明了。亦无效力。某术者。催眠一无教育妇人。暗示之曰。今脉搏之数减矣。而脉搏不少减。几次暗示之。依然如故。然此妇之催眠状态。已确有受此暗示之程度。盖妇人全不解暗示之意故也。是以术者须注意暗示之言语。必被术者所甚解者。另外，暗示之语须简单、须立顺序等。

第五，催眠术之暗示直接暗示易成功。直接暗示易成功。而间接暗示之势力过弱。例如汝之神经痛。今全治与以单刀直入之暗示动其人之精神为最大切要。

第六，暗示要积极的。催眠术者当如教育之积极的适于儿童教育的方法。催眠中暗示务采取积极方针为成功之基。故曰君之记忆不恶暗示。不如曰君之记忆大佳之暗示为适当。

---

① 陶成章. 催眠学讲义［M］. 商务印书馆，1917.

第七，暗示要断定的。与暗示时。【君之神经痛大约全治乎。】语含暧昧之意味。则其暗示不能显充分之效力。故暗示者当思切而与断定的。为成功之秘诀。

第八，暗示者要现在的。催眠术之一秘诀。为现在的。不曰将要好了。而曰现在好了。与以渐渐全治之暗示。无宁与以现在全治之现在的暗示。

第九，暗示要秩序的。

第十，自种种方面与暗示。亦为最切要事。例如当治疗神经痛。不惟言君之神经痛全治之暗示而已。如患部。或按察之。或使服药。或用电气。或行注射或施针。施其他种种之治疗法。皆期达于一定目的而行暗示。

第十一，暗示者要反复。反复几度暗示。务惹起其自己暗示。而后止。然宜注意不可使被术者生厌恶心。

第十二，暗示者不能反对被术者之心。在催眠状态虽如何深时。被术者之良心所大反对者。又被术者所嫌恶事情等。暗示之多不感受。故暗示所行之范围。与被术者之品性成反比例。

上述，陶成章对催眠暗示的描述比较详细，学习者如果逐条领会将有助于催眠技术提高。

接着，我们继续来观察他的睡眠催眠法，即“由睡眠移催眠方法”①：

此法无须被术者醒时承诺而后可。惟于睡前。先暗示睡中施术。则大可以成功。倍伦汉（Bernheim，伯恩海姆）摩洛（Moll，莫尔）等报告曰。醒觉反抗人。或普通方法难感应人。此法可催眠之云。

此法甚简单。惹起睡者之注意。使术者被术者间成立默契感受暗示足矣。

术者在睡眠者之侧。低声反复暗示曰。【君好眠。今余施催眠术于君。君勿惊醒。次第深催眠。】如是三四分后。轻置手于被术者之额。再反复暗示曰。【君好眠。不论怎么样睡着。能听余言。不能听见他人话并物音等。】次与简易试验的暗示。例如暗示【握手】若果

① 陶成章. 催眠学讲义［M］. 商务印书馆，1917.

握手。则既感受。否则未感受。则再反复暗示以图默存之成立。而诱导催眠状态。

二或轻由额反复抚下法。数分间。以手押被术者之额。与种种暗示。渐诱导催眠状态。

三又或以充分注意。以一手轻押被术者之额。以他手轻徐按抚身体。或轻打身体。低声反复暗示曰。【好眠。君渐能听余声了。】

四又或突然呼起睡者。未全醒时。反复暗示曰。【君从此催眠了。好眠。愈眠愈能听余言。】一面行抚下法。容易起催眠状态。

由睡眠移催眠方法，在本书的第 2 章也介绍过，学习者不妨进行比较。这里，学习者需要注意的是，在特别重视催眠之伦理道德以及尊重被催眠者隐私的今天，如果不需要发生身体接触则尽量不发生身体接触。当然，部分催眠师会刻意在公众场合发生身体接触，因为公众场合更“隐私”，这涉及彼此的信任程度、熟悉程度、催眠目的和催眠目标等。总之，需要把握的要点是，积极催眠，而非消极催眠，无论过程还是结果。

除了由睡眠移催眠方法，陶成章还介绍了其他特别催眠术，包括多数催眠法（群体催眠法）、遥制催眠法、瞬间催眠法、强迫催眠法、儿童催眠法和自己催眠法等，学习者不妨阅读原著。

10.1.3　陶成章催眠手法评论

整体而言，陶成章的催眠手法保持在南锡学派的范式之内，主要的原理也是暗示。如他所言“催眠术为暗示心理学。无暗示，则无所谓催眠学”①，“南西（锡）派者，主张催眠术之原理，全在心理作用，即现于催眠术中种种之现象，实利用其人感受性之暗示的结果，由于观念预期作用，惹起心理及生理作用。此心理学说主张唱之最盛者，实自南西医师李璞（Liébeault，李厄保）及倍路汉（Bernheim，伯恩海姆）始，在今日之学界，是说实占大胜利。”②

沿着李厄保和伯恩海姆的思考，陶成章还对感受性、动力、催眠过程以及原理等进行了说明。比如，感受性是人类的本能，属于一种自然倾向，即

① 陶成章．催眠学讲义［M］．商务印书馆，1917．

② 汤志钧．陶成章集［M］．中华书局，1983．

"暗示感受性=人之通有性"；动力方面，可充分利用暗示感受性原动力，比如突然对一妇女说，你的脸红了，即便她当时并未脸红，但很有可能马上就脸红了；催眠过程可在被催眠者激活感受性强烈的时候给予暗示，这样便可惹起被催眠者的生理及心理效果；而原理方面，暗示即为催眠，"故催眠术之现象，可云暗示应用之结果"①，等等。这些思考似乎是对南锡学派催眠内涵的总结，并无多少创新内容。

不过，即便如此，陶成章的催眠影响还是不可忽略的，他除了进行广泛的催眠科普外，关于催眠过程与玄幻之术等相似之处的比较，并尝试将催眠改为"化人"（即掌握幻术之人或修行之人，这里的化人作动词用）的努力，也可视为催眠中国化的尝试，虽然最终未能成功（其他诸多学者也尝试这一举动但均未成功）。

总的来说，陶成章是中国大地传播科学催眠的先驱。他与余萍客、鲍芳洲等人的努力为后来的学习者提供了一个可供参考的催眠范本。

10.2 余萍客催眠手法

10.2.1 余萍客简介

余萍客，中国催眠之父，广东中山人，早年留学日本。1908 年，余萍客率郑鹤眠、唐心雨、居中州、刘钰墀等人创立中国心灵俱乐部，后改为中国心灵研究会，主要研究催眠——专为中华同志研究催眠术。

1921 年，余萍客将中国心灵研究会迁回上海，开始在国内传播科学催眠，一时风头无二。据余萍客本人描述，中国心灵研究会前后出版物达三千余种，其中期刊 3 种，书籍 60 余种，讲义 7 种，而会长余萍客本人属笔的就有 40 余种，比如《催眠术》、《催眠术讲义》、《电镜催眠术》、《催眠疗病

① 汤志钧编．陶成章集［M］．中华书局，1983.

学》、《催眠学问答》等。中国心灵研究会还培训了8万余名学员。再后来抗日战争爆发，余萍客去了重庆后又去了香港，最后不知所终。

10.2.2 余萍客暗示催眠操作技术

来自余萍客1921年出版的《电镜催眠法》[①]（所谓电镜，乃发光之铜球）：

把普通状态的人变做催眠状态的人，叫做“催眠方法”，包括心力感通法、预期作用法、抚下法、呼吸法、结印法、利用法、凝视法种种。称作催眠家的，一定要样样都知道，样样能够变通应用，才算完全学问，……很赞许这个电镜，为催眠施法里一种极完善的方法……要牢记这几件事。

- 要拣空气流通，不近喧闹的地方，才好施术。
- 施术室里，光线不可太强；别的东西不可横陈倒置。
- 要被术者寻他的父兄或朋友来做见证。
- 要对被术者大略说明。催眠术有益于人的功效，无害人的危险，不要令他存有一些疑惧。
- 旁观的人，不可过数人以外（舞台表演不在此列）。总纵有二三人在旁观，不要许他大言细语和走动。
- 若被术者受衣裳缚束，须要使他宽衣解带。
- 先令被术者排泄大小便。
- 问明被术者为什么来受术，他的目的想达到怎样田地。
- 备定椅子，或睡床，（床要有厚垫及软枕）给受术者坐或卧，随他高兴，但要舒服清洁，背着光线。
- 受术者最切望的时候，就是最好施法的时期；当时的机会，不可错过。

上边说过的十条，通通都依着对了，那么就要施法了。

……

顺序：

使受术者坐在椅子上（或睡床上），不论坐着或卧着，都要十分

① 余萍客. 电镜催眠法［M］. 中国心灵研究会. 1921.

舒服，不要有些勉强，坐定一二分钟，自己站在他的身旁，或对面，眼睛要紧紧看着他。就说道："现在和你施法起来了，你不要存别的意思，你听我说，就照着干去，你坐了催眠椅子上边，就觉得很舒服啊。"

使受术者自己用力紧张手掌和脚掌的筋肉（即注力在手掌脚掌)。片刻，使他将力迟缓。片刻，又像前用力。又像前弛缓。大约七八回，便说道："这样能够令你把首部的血液，渐渐下降，那就容易眠着了。"……

使受术者暂闭了眼睛，十分和平柔缓呼吸空气。嘱他在催眠中，长要这样呼吸。兼使他默数一，二，三，四，五，……近至一百数。还说道："这时候，你的心境十分快乐，十分清静，给你催眠，必定十分容易睡着了。"……

开箱拿出电镜，（电镜预先放在身边）右手拿定，站在受术者右边；左手轻轻压着他的头顶，右手拿起电镜搁置在他的面前；电镜和眼睛距离约一英尺，高出眼睛平视线二寸。说道："这会放着一个很光亮的电镜在你眼睛前面。瞧着它，就很容易入催眠，请你睁起眼睛来瞧瞧它罢！"（此时受术者眼睛张开瞧着电镜。）又说道："你要一心看着这个冠梁的电镜，我一边运用灵力，就会十分迅速令你进催眠的快乐境界里。" （不要使他瞧别处去）约五分至十分钟。……

将电镜慢慢移动。或高，或低，或左，或右，或旋转作圆圈，并渐渐逼近眼睛。说道："移动电镜，你的眼睛就觉着十分困倦，想要睡觉！"……"非常困倦了。眼皮被压下来了！"……"精神恍惚，想睡得很了！"……"眼皮越发压下来了。眼睛闭上了！"……换却一种有势力的语调！道：……"我把电镜再逼近你的眼睛，你的眼睛就睁不开闭起来了。"……还用更有势力的语调，道："尽管睁，却睁不开，越睁越压得紧，你试睁睁，睁不开的，睁！……睁！……不！……不！……"（此时果不能睁开眼睛，大概完全陷入催眠状态，可将电镜放下。）"呵！……果然进了催眠术境界里了。"……"这会你心里身体都十分爽快了！"……"这会外边的言语，都听不到。但是我说的话，你就十分听得明白。依着做去啦。"上边所做，经过十分钟至二十分钟不定，看受术者的感受性怎么样；感受性强的，不等给他瞧着电镜，老早进催眠境界去了！感受性平常的，瞧起电镜五至二十分钟，都要催眠着了！若是碰着感受性弱的人，还要反复暗示，诱导二十分钟至四十分钟，方才得现催眠状态。

如果他瞧着电镜二十分钟，还未闭起眼睛，只发现十分困倦的容貌；须用左手从头顶移压前额，伸出拇指食指，压在印堂，（眉心）牵拉筋肉，迫合眼合困倦；他不堪久张，终究就要闭着。

受术者既然闭了眼睛，想张也张不开，那么就算达了止动状态了。还要试他一试。说道："慢慢把两手摆下来！"待摆至中途，说声："哈！……两手平搁着，不能动了。……试试用点力向下摆，或是向上摆边举，都不能动了！试试！……不不！……"果然搁在中途，不能上下：就知他确是完全入了止动状态。

恐防有等受术者，不管施法者作什么，直观顺从，不是真正陷进催眠状态；所以又要把他试一试，真确不真确。怎么样试验？站在对面，分握他两手，上下挥动，或中途停搁，看他有反动的表现没有（即动向相反）？有顺动的表现没有（即顺我动向自动）？如果有，都不算真确陷进催眠状态，还要暗示诱导他，或拍掌三五十下，（拍得轻慢）使他按数。或再拿电镜照法给他看一会。

受术者既然呈现催眠状态，感应了暗示，就可以教他休息一刻。暗示道："你这会很舒服，很快乐，因为你到了催眠术的境界，都受了我的灵力，和你的精神，亲密得很，所以你的精神，都受了我的灵力指导了。……外边的声音，你听不见了，只听着我说的话，十分明白呢。……你心中不要想念别的了，一点也不要想念了，我刚才教你要柔长慢地呼吸，你仍然要这样干啊。……安心深睡一刻，然后和你○○○○○（催眠目的事件）罢。"

既然给他安睡一刻，自己不可离开被术者，也不可干别事，不可和旁观者说闲话；空房两家默契终端，致令被术者忽然醒觉；仍要牢固自己的精神统一，不要令精神分裂。趁着被术者安然休息，可默对他行（抚下法，）可以导至深催眠状态。……"

除了上述电镜催眠技术外，余萍客还有其他诸多催眠技术，但大都大同小异。

在治疗方面，余萍客的研究与当下的催眠结论类似：单独使用催眠疗法，与结合医药的联合疗法比较起来，还是后者的治疗效果更好。而且，催眠并非能够治疗百病，比如解剖、救伤等是催眠所不能的。但催眠有自己的独特优势，比如对于医生束手无策的心理问题，利用催眠一句话或者几句话就可以行得通。所以，催眠在很大程度上属于心灵疗法（与伯恩海姆的“催眠是一种纯心理疗法”观点类似）。

另外，在催眠技术应用方面，余萍客坚持“拿催眠术用在游戏玩谑的地方，我是很不赞成的，我十余年来提倡催眠学意思，大概是志在开发学理，打破习惯迷信；应用学理治病矫癖，那才显出催眠术的真价值哩。”

10.2.3　余萍客催眠手法评论

余萍客的催眠技术最初在日本习得，而日本催眠技术大致传自英法，因此，余萍客的催眠技术在本质上与布雷德和伯恩海姆等人无太大差异，尽皆与暗示及睡眠等密切相关。但余萍客的诸多催眠技术要点中有一点很重要，便是如何有效应用暗示。按余萍客所言，如果普通状态不适合暗示，那么需要让他的暗示感受性增强，“但站在世上的人，都是普通状态的人，想他感应暗示，而不是要把他变作催眠状态的人才可以吗？不错，让普通状态的人，感应的人，感应暗示，就要先把他改变成催眠状态的人才可以的。”①

在催眠理论方面，余萍客并无多少突破，但他结合了中国传统文化之儒释道特别是释方面的内容，使得催眠手法开始有了中国味道，比如在催眠目标方面：“如果（催眠）立心济事，打救人间的苦难，可不是万家生佛吗！”在批判传统方面：“我国儒家泥守‘子不语怪力乱神’，就把世上一切奥妙的理窟，轻轻放过，不事追究。凡是孔子不曾谈到的学术，不管好坏，便加上了异端的罪名，诋毁排斥。催眠术固然是受了这种暴力的压抑而不能兴起……”② 在传统文化现象解读方面，降青蛙神、请竹篮神、关亡问米、圆光和扶乩等多包涵催眠术学理等。

最后，从著书立说以及积极影响等层面看，余萍客当之无愧乃中国大地上的催眠第一人。

---

① 余萍客. 电镜催眠法［M］. 中国心灵研究会. 1921.

② 余萍客. 催眠术与催眠疗法［M］. 山西：山西科学技术出版社，2010.

10.3 鲍芳洲催眠手法

10.3.1 鲍芳洲简介

鲍芳洲也来自广东中山，早年亦留学日本，获得催眠学博士（记载于中国精神研究会发行的《催眠学函授讲义》绪言首页）。他所组织创建的华侨催眠术研究社与余萍客的中国心灵研究会相类似，但规模较小。

其他关于鲍芳洲的资料相传甚少。但我们知道他是中国催眠三子中学历最高的，也是中国催眠的先驱及巨擘。

10.3.2 鲍芳洲催眠操作技术

我们来看看鲍芳洲《催眠新法》中的催眠技术操作①：

> 施术室准备完全后。乃与被术者一适宜之位置。命之坐下。务虚心平气。如是随他。数分间后。以手轻压被术者上额部。以他手之正指与食指放近眉与鼻之间。使之注视。同时命之行深呼吸。约二三分钟左右。被术者全然无念无想时。乃命之闭目而眠。
>
> 然后以种种催眠暗示。不到十分钟。被术者忽陷催眠状态。

再来看看《催眠学函授讲义》中的算息催眠法、单调催眠法和复调催眠法。②

> 算息催眠法者令被催眠者计算呼吸而催眠之法也。此法有三种。

① 鲍芳洲. 催眠新法［M］. 上海东方催眠学会. 1920.

② 鲍芳洲. 催眠学函授讲义［M］. 角丸欧文印刷所. 1915.

兹述于左。

（一）先令被术者居于最便宜之姿势。合其口。以鼻吸气。而运气于丹田。使下腹涨开。此时有以凹下腹为主者。及自鼻呼出空气时。下腹自凹。此时有以张下腹为主者。如张下腹时。默算之曰一。下腹凹时亦默算之曰二。又张之曰三。又凹之曰四。如是者凡五十次而反。至催眠而后止。然在中途有误算或忘计之时。又复自一计起……

（二）是暗示动呼吸。所谓动呼吸者。是极粗极速度之强呼吸也。先以强呼吸而伸缩下腹部。殆至五十回而被术者自算其呼吸。自一至五十。如是者约四次。其后渐将呼吸遂次至缓。顷之。几于无吸。是时精神静定。自然思眠。终为成催眠矣。大凡静呼吸。则无妨于人。即病者亦无害。但动呼吸。则过于强烈。每遇急性。病吐血病。及脱肠与热病之人。宜避行之。不然。恐有害也。

（三）又暗示其为呼吸时。加以强度与速度。而胸中则暗算之。每算时便致力于膝头。凡计算自一至五十。约行三回。渐将呼吸稍静。使头之血徐徐下坠云。须成催眠矣。

计算呼吸数。似甚易。然自一计至五十。且计二回之久而无杂思之生亦（这里看不清）之不至二回。其催眠之状态亦已成。间有受催眠者术而不信其催眠者。令从计算呼吸之法。每至于中途而忘之。因其间思别事。而乱其心算也。故施术者。常注意被术者之举动。若被术者有违算忘算而思别事之时。施术者即暗示之曰。【直算呼吸】【若违算自一计起】必使其成催眠状态而后止。或因算呼吸。至令其奋兴精神者。不宜动呼吸。施术者即令其作静呼吸可也。而算息催眠法即有效者。因算息而生生理的作用。至使正规则之运动。当时令被术者注意下部也。故能使血液偏集于注意。处脑血亦因之减少。

注意凝集。杂念驱除。此其效力也。

单调催眠法。此法令被术者专听单调之音。使其杂念停止而生催眠之法。也先令被术者安坐于椅。闭目静息。而使闻单调之音。单调之音者如表声。或邻室之钟声。使被术者计之。自一至五十。反复算之。而施术者专注意其能算否。且暗示之曰【尊意计钟数。

不可妄想别想】又曰【如计误须再始计。】如是则能催眠矣。彼保姆之以唱歌而使赤子眠者。不独止于赤子而后眠。即大人亦不觉而欲眠者。以其理合于单调催眠之理也。或有唱南无者。左病人之侧。倾心念诵。可使病者忘忧致喜。此亦单调催眠之法也。但此时之眠。虽小子或病人。亦属于自然之眠。非正催眠。但施术者无甚秘密事联格于彼。故施术者与被术者其性质大异。至于无念无想之状态两者亦无甚易也。即在防止杂念之发生。其于原理亦二者若一也。行法时。只用此一法亦可。但与他法兼并而行。亦未尝不可。且更妙矣。此之原理是借单调不变之音。而防止其杂念。使其成催眠也。

复调催眠法。前节所述者是单调催眠法。此则复调。复调者使高低音格外显著。而变化之以令其催眠者也音乐中有谓兴奋律与静稳律者。若奏兴奋乐。则精神兴奋而或愉快而不知足之踏之手之舞之。但静稳乐一奏。则精神徐徐沉静。几欲眠矣。自不觉其何时而睡。故催眠法则宜用静。稳律且暗示之曰【将欲眠】【想眠】【一直想眠】【更深眠】遂成催眠矣。昔有美世美路者（音译，麦斯麦）。用霞摩宜加乐奏之而应用以催眠云。余亦会试奏之。亦颇收效。又有一友善吹明笛与岩笛。亦应用于催眠。然此法只可用之于补助法为得妙。其所以之原理。在奏乐而集被术者之精神。使无生杂念。而令其催眠者也。

关于催眠术秘诀，鲍芳洲接着说道：

催眠术之秘诀在于利用被术者心理所由动之预期作用。巧于惹起此作用者。即可谓为通于秘诀之人。然催眠施术。须使被术者信仰术者。始得惹起预期作用。换言之。催眠施术。须使被术者信仰术者之长于催眠术伎俩。且深信术者之言行毫无诈虞。而其预期作用始得实现。

有一面关于被术者之性格即性格。及信用术者之程度等。亦不得不于一瞥之下看破之。所谓难度之人物。或易度之人物。非先推知之不可。若其人有轻信人言之风。则其人必为易度之人。即为易于施术之人。然亦有人本非恶。而因其人之性格每狐疑莫决。不易轻信人言。对于是等人。宜用破除其人猜疑之决绝暗示。①

可见，预期对催眠发生起着重要作用。

10.3.3 鲍芳洲催眠手法评论

鲍芳洲的催眠手法与陶成章、余萍客的催眠手法也是大同小异。

在催眠原理方面，鲍芳洲把催眠和睡眠进行了比较，虽然“两者都是无念无想状态（即布雷德所言的单一观念状态），但两者的性质相异”②。

在催眠理论方面，鲍芳洲首先谈论催眠之哲学说——一元二面论（平行的一元论），即“以物质的过程和精神的过程皆平行存在决不互相制约为主眼，换言之，一切精神的过程必有物质的过程，伴之而起，相与平行，一切物质的过程亦必有精神的过程伴之而起，相与平行。此不为彼之原因彼亦不为此之结果”③。之后论及科学说，包含生理说和心理说。其中，生理说主要指脑少血说——催眠状态下大脑会贫血，因为血流向身体的其他部位，而心理说主要指潜在精神说、联想作用说、暗示感性说和预期作用说等。整体来看，鲍芳洲的哲学说是一种不彻底的唯物观，而科学说和心理说虽不乏科学原理，但也同时存在一定的巫术控制成分，以及难以避免的时代烙印——封建迷信成分。比如，暗示手法对应的是暗示印（食指与中指自然伸直，其他三指收回弯曲），尚有精神统一印和催眠印等。难道不使手指印就不能催眠吗？或者，难道用了催眠印就能催眠对方或者达到效果吗？显然，暗示与自我暗示才是影响被催眠者的核心内容。

不过，从鲍芳洲的思考看，他始终坚持的是可重复验证的逻辑，而且文笔优雅。

10.4 本章小结

本章大致讲述了陶成章、余萍客和鲍芳洲以暗示为主要内容的催眠手法。事实上，除了这三子之外，同时期尚有其他重要催眠人物，但限于篇幅本书

① 鲍芳洲. 催眠新法［M］. 上海东方催眠学会. 1920.

② 鲍芳洲. 催眠学函授讲义［M］. 角丸欧文印刷所. 1915.

③ 鲍芳洲. 催眠学函授讲义［M］. 角丸欧文印刷所. 1915.

不再一一列举。而当我们把距离拉开，借助发展的科学催眠理论和当下较为先进的科学技术，及以他们各自的文本内容为载体来反观那个时代的催眠手法，将会发现这样一个事实，他们彼此之间基本大同小异，并无难以望其项背的绝对领军人物出现，特别是在催眠理论构建方面。所以，从这个角度而言，中国催眠三子只是传统意义上的代表人物，虽然坚持拿来主义但缺乏本质性的创新，因此，他们并非完整意义上的中式催眠代表人物。

不过无论如何，中国催眠三子一开始即坚持的科学催眠方向，仍是今天我们需要加强的方向，而且，今天的我们更多了融合西方科学催眠体系、重新解读中国古代丰富催眠思想与实践的任务。

对此，我们持乐观态度。

请阅下一章：通磁催眠手法。

11 通磁催眠手法

按照时间顺序，本章之前我们大致介绍了催眠发展史上十种催眠手法，本章将简要概述另外一种影响较大、同时被证明是伪科学的生物通磁催眠手法，理由是它曾产生过极大的正面影响和负面影响。

生物通磁催眠手法可谓是古代巫术催眠的代表，也是介于前科学催眠时代和科学催眠时代的重要标志。掌握这一手法的人物堪称前无古人后无来者，他就是麦斯麦。

11.1 麦斯麦简介

麦斯麦的全名是 Franz Friedrich Anton Mesmer，出生于德国，在维也纳学习医学。由于深受催眠先哲帕拉塞尔苏斯（Paracelsus）的影响，麦斯麦完成的博士论文主题为“行星的影响”，阐述了他关于星体射线与人体健康的理解，虽然核心内容并没有什么本质创新，但却成为他日后创建麦斯麦术（Mesmerism）的根基。

A. MESMER

毕业之后，麦斯麦与爱人安娜（Anna Maria Von Posch）结婚，并开始广泛与维也纳上层社会人士交流。随后，麦斯麦向外界宣布了他的生物通磁研究，并发明那个广为人知的磁疗桶，大大加速了磁化速度和治疗效果。但这同时也为他带来数不清的竞争者和仇敌，特别是他与患者帕拉少女之间，被大众认为是说不清道不明的某种关系，以及帕拉父母为让宫廷继续给予资助而逼迫帕拉离开麦斯麦的事成了最终的转折点，虽然麦斯麦的确利用他的神磁手法让帕拉的失盲变好了许多。不可否认的是，帕拉的这种转变在过去是不可想象的，虽然诸多传统医生曾经尝试过多种传统疗法。

麦斯麦最终从维也纳被驱逐。

辗转到巴黎后，麦斯麦的追随者不减反增。他的弟子和好友不乏举世瞩目的名人，比如年轻的莫扎特就成为他的忘年交，经常在麦斯麦家中演奏钢琴，并且热爱上了他家的后庭院。也就在这里，麦斯麦开启了他一生最为辉煌的时刻，虽然黯淡得也很迅速。由于欧洲各地前来治疗的人们不断增多，部分无病的患者也愿意从远处赶来瞧瞧麦斯麦本人以及他那神乎其神的手法，另外，部分追逐新科技的人们似乎也完全失去理性，到处排队感受他的神磁之力。当然，这些疯狂行为并非全都由麦斯麦主导，有些是暴风雨来临前各种利益集团借由催眠这个工具而开展的各种活动进而促使不明真相且具有高暗示性的人们产生对他人安全和对社会治安稳定无益的种种行为。最终，法国政府派遣了以本杰明·富兰克林为首的调查团开始调查麦斯麦术。

结果很简单，麦斯麦的举手投足中并没有那些所谓的磁流，若要较真，也只是患者的想象和暗示发生疗愈而已。只不过人们似乎更关注前者，因此，麦斯麦再一次遭到驱逐，并从此淡出公众视线。

在生命的后期，麦斯麦选择安静地隐居于瑞士 Meersburg 的某处湖边，并在那里安然辞世。

在催眠发展史上，如果从催眠影响视角看，麦斯麦显然是一位了不起的天才，也是一位前无古人后无来者的催眠之“神”，虽然他迷失在自我催眠中，至死从未走出（或不愿走出）。

11.2 生物通磁催眠操作技术

麦斯麦的生物通磁操作技术关键不在于技术本身，而在于通磁技术之外，我们先来看他那个广为人知的治疗案例：

28 岁的女病人 Franziska（“Franzl”）Österlin 接受麦斯麦的治疗。她从小患有歇斯底里，主要表现为紧张虚弱，惊厥发作，持续呕吐，身体多部分发炎，经常忧郁失明窒息瘫痪等。两年多来，麦斯麦使用多种传统医疗方法但几乎无效。

天文学家、神父 Maximillian Hell 是麦斯麦的好友，他对在维也纳旅游的某位女性采用古代医生曾使用过的磁铁治疗，把磁铁放在她的腹部反复摩挲，结果，该女性的腹痛好了。之后，Hell 建议麦斯麦尝试使用磁铁治疗 Österlin，因为磁铁对神经系统改善效果很好。

于是，麦斯麦把一块磁铁放在 Österlin 脚边，她很快就产生一种灼热和刺痛的感觉。这种灼热和刺痛不断上移，直至头顶。

这时病人请求停止治疗，然而敏锐的麦斯麦不予理会，不仅坚持下来，而且添加了更多的磁铁，让治疗一直持续到晚上。之后，Österlin 看起来似乎被完全治好了。虽然之后还有几次发作，但均能用磁铁治好。麦斯麦随即建议 Österlin 佩戴磁铁加以预防。

此后，麦斯麦和 Hell 因谁首先发现磁疗而争吵，但麦斯麦藐视地反驳，磁铁纯属多余，因为除了钢铁外的其他任何物体都可以被磁化并产生治疗作用。磁线是可以穿透人及墙壁的（乃后来的隔空催眠）……

在之后的生物通磁过程中，麦斯麦一般都会按照上述文段所说的，不为他人的劝告所动，坚持激发或等待被催眠者意识出现某种非常态并且延续一段时间才会停止，这种非常态包括：

图为十八世纪人们在森林里进行麦斯麦磁流决斗（童小珍，于海娣，2007）。

> “咳嗽、吐痰、感到轻微疼痛、局部或全身发热、出汗，乃至惊厥等。
>
> 有些病人在治疗过程中经历剧烈抽搐，有时需要在另外一个（更加神秘的）房间中接受进一步的治疗。
>
> 人群中有人抽搐时，就有很多人跟着抽搐起来，有些持续3个多小时。抽搐的样子为：四肢或整个身体快速、不自主地运动，喉咙发紧，视力模糊和难以集中，伴着尖叫声、眼泪、打嗝和过度笑声等。之后陷入倦怠或颓废或梦幻般的状态。有些人则表现得很平静的，没什么感觉。”①

上述这些非常态基本上可视为深度催眠态。对于先前就患有歇斯底里的被催眠者而言，麦斯麦所采用的磁疗会首先引发出他们的症状再给予治疗，而对没有患歇斯底里的被催眠者而言，这种非常态基本上就是歇斯底里发作时的状态复制。当然，这也是后来伟大的神经病学家沙可（Jean Martin Charcot）将催眠态与歇斯底里态混为一说的重要原因之一。

11.3 生物通磁催眠手法评论

著名的催眠学家希尔加德曾对深度催眠状态有过总结，包括主动性反应降低，注意力窄化，知觉扭曲和产生幻觉，暗示性增强，角色扮演，催眠后遗忘等。这里，如果比对麦斯麦的生物通磁，学习者大概可知，被催眠者出现的症状几乎完全符合希尔加德所总结的典型催眠特征。但是，在当时，这种技术还不被称为催眠技术，而且整体操作也比较简单，几无难度，只要让患者相信他身上能够发射出宇宙磁线即可。

假如被催眠者没有如期出现麦斯麦所期待的症状，他便会十分认真地等待下去。在这方面，麦斯麦显然比他在面对传统医疗守卫者们的反对和打压时更有耐心。

不可否认的是，生物通磁的实际效果的确很明显，否则人们难以为之疯

---

① Lanska D J，Lanska J T. Franz Anton Mesmer and the Rise and Fall of Animal Magnetism：Dramatic Cures，Controversy，and Ultimately a Triumph for the Scientific Method[M] Brain，Mind and Medicine：Essays in Eighteenth-Century Neuroscience，2007.

狂，即便来者非患者，却因好奇而前来体验时，也时常出现危象状态（深度恍惚状态），并且也能真实地将症状清晰地表演出来。但麦斯麦自己的心底却十分清楚，有些人的有些症状是不适合磁疗的，比如生理上有缺损的或者出现严重伤口的，因为磁疗并不能超越自然规律，纵然患者具有强大的自信、自我暗示乃至自我想象等，也是没办法长出新的手臂、没法让天花消失，虽然他自己经常以自然科学家身份自居，而且宣称自己的手指末梢还能发射出磁线。

按照麦斯麦的逻辑，身体生病是因为体内某些地方被堵塞，导致磁流不通畅，所以他要做的便是借助宇宙中的磁流来给予疏通，或者说把自己身上发射出来的磁液传递给患者。这样一来，当堵塞的地方被疏通、当失衡的磁液得到平衡，患者们的病自然就会好起来。而与麦斯麦同时代的其他研究者，包括医生（含心理治疗师）和江湖术士，乃至达官贵人等，在重复使用并验证这一方法技术时，几乎都可以产生一致的效果，说明这种方法的确能有效激发人类心理的某些特性，即便它被理解错误或者冠以他名。这也可视为麦斯麦了不起的贡献之一，但同时也是消极影响的“贡献”之一。

今天，有人宣称要重新演绎麦斯麦术，并且让这种技术（理念）发扬光大，实在让人匪夷所思乃至贻笑大方。学习者不要忘记的是，虽然麦斯麦的逻辑和思路出现一定程度的偏离，但在实践中他能够带来良好效果（虽然同样带来错误引导）。另外，他本质上属于善良而真诚的人物，虽然有些故弄玄虚，但他较少功利化地献身于催眠这件事，确实让历史上很多人难以比拟！

11.4 本章小结

本章简要地回顾麦斯麦的生物通磁催眠手法。虽然它已经退出历史舞台，但是否有可能通过其他方式方法再度复燃？

量子催眠便属于这样一种可能。

与生物通磁催眠手法“超越同时代人们的认知力”类似，量子催眠也颇有藐视其他手法的气势，备受当下部分研究者推崇，尽管其中的科学机理尚待探索，而且也受到诸多研究者的批判和质疑，就像当年科学院和医学院对麦斯麦的批判一样。本书（事实上也包括那些批判质疑的研究者）无法从科学机理角度提出实证验证，但可以从心理学视角进行观察，即：生物通磁催眠手法的重点不在于磁，但它治愈了人间疾苦，量子催眠的重点也不在于量子，但它同样有可能适应当下人们的科学认知继而带来“进化性质”的治愈呢？也就是说，当时的科学条件适合麦斯麦生物通磁催眠手法的风靡，而当下的科学条件适合（看似）更为高级的、被称为“新巫术催眠手法”的量子催眠的盛行。这或许带来某种启发。但无论如何，在不违背个体身心健康和社会和谐发展的前提下，进行多样甚至怪异的催眠理论探索是值得提倡的。

除了伪科学的生物通磁催眠手法外，本书也没有特地介绍舞台催眠秀手法，虽然它为催眠带来诸多关注，但同时也带来不计其数的负面影响，以至于部分人因此而否定甚至强力抵制催眠。事实上，学习者如果仔细观察的话，将会发现舞台催眠手法与本书中的大部分催眠手法类似，只不过它并不应用于治疗或积极影响，而是应用于表演，因此随之而诞生了众多玄之又玄、炫之又炫的方法与技术，并体现在市面上看似琳琅满目但几乎雷同的催眠文本中。对此，学习者或可重视这样的事实：大部分专业催眠研究者对舞台催眠持排斥态度。与此同时，本书的定位是让初学者认识和学习积极性质的催眠手法，催眠应用要有利于个体身心健康和社会和谐进步，因此本书作者将在其他文本中详细介绍舞台催眠秀手法。

末了，不管生物通磁催眠手法、量子催眠手法，还是舞台催眠秀手法，它们之所以能产生效果，本质上皆可归之于自我催眠，因为自我催眠一度被视为催眠的本质。

请阅下一章：自我催眠手法。

12 自我催眠手法

回顾本章之前的多种催眠手法，学习者会发现尽管它们各有特色与优势，但若究其本质的话，百年前南锡学派和新南锡学派所推崇的自我催眠（自我暗示）正是前述催眠手法的精髓。也就是说，如果没有自我催眠，那么前述多种催眠手法将很难起作用，甚至没有效果。唯有被催眠者的暗示性或反应性被唤起，催眠才能被称之为催眠。

直到今天，这一观点依然未有较大变化。这或许在很大程度上表明，研究者所公认的“催眠的本质是自我催眠”的确具有某种普适性的意义。

12.1 自我催眠介绍

从他人催眠角度看，自我催眠可理解为在他人的引导下，进入符合他人价值体系与自我价值体系共振的催眠状态中，进而在这种状态下得到积极干预、调整或潜能激发，最为典型的莫过于舞台催眠秀，当然也包括教育催眠、体育催眠等，而从个体对自己的催眠角度看，自我催眠可理解为在自我引导下，进入符合自我价值体系的催眠状态中，并同样在这种状态下进行自我干预、调整或潜能激发，最为典型的莫过于日常生活中的自我催眠，当然也包括前述的舞台催眠或教育催眠等。而如果个体在这一过程中有意识地加上自我觉察，那么自我催眠将更具价值和意义。但无论前者还是后者，最为本质的仍旧是自我价值体系的沉浸或改变，这也是长期以咨询或临床催眠为主导应用的主要目标。

从已发表的大量文献可以发现，自我催眠在放松、镇痛（Fariba Hosseinzadegan, Moloud Radfar, Ali Reza Shafiee-Kandjani & Naser Sheikh, 2017）、矫正不良习惯、治疗各种成瘾（Daniel Lloret, Rosa Montesinos & Antonio Capafons, 2014），缓解过敏和炎症反应、减缓减少过度血友病患者的过度出血

以及身体机能恢复、缓解或降低各种情景性或特质性焦虑抑郁和恐惧等都具有良好的效果。

12.2 自我催眠操作技术

自我催眠一般由两个步骤组成，第一个步骤是自我引导，第二个步骤是自我应用。这两个步骤或可分开进行，或可交织进行，但无论哪一种，都是自我催眠的积极推进。

12.2.1 自我催眠引导

市面上关于自我催眠引导技术的资料不可胜数，但基本方法相差无几，这里简要介绍两种常用的单一引导，以及两种常用的综合引导。前者的典型包括悬浮手臂法和身体扫描法，后者涉及呼吸、放松、想象、意象以及反复训练等。

第一是悬浮手臂法（Arm Levitation Method）。这一方法因为简单、方便、自然而广受欢迎。艾瑞克森在催眠过程中也经常使用这种方法，并被艾瑞克森学派（虽然艾瑞克森本人并无开宗立派之意）及追随者追捧，也在很大程度上成为了催眠特征之一。

以左臂为例。

- 上下抬举左臂，重新熟悉肌肉运动感觉及抬举手臂中的心里感觉。
- 多次反观左臂上下运动过程中所有可能有关的身心活动，特别是细微的左臂肌肉运动。
- 告诉并体悟在左臂抬举过程中，意识的参与将越来越少，而潜意识的参与越来越多，也就是逐渐走向“无须意识参与即能发生左臂抬举动作”。
- 最初的时候，可能会受到不同程度的干扰，多练习几次即可。部分学习者会练习到自感厌倦为止。这时，潜意识替代意识的可能性大增。
- 练习者开始会对自己左臂抬举感到惊讶，甚至不可思议（部分练习者的反馈常用到“惊艳”一词）。

● 既不刻意阻止也不刻意推动左臂运动，一切顺其自然，并且让左臂肌肉记住这种感觉，而且告诉自己，下次任何时候都可以快速回到现在这种状态（部分学习者会与左臂肌肉即兴交流）。

● 可以让手掌不断靠近脸部，并且暗示只要贴在脸上即加深这种运动和感觉（部分练习者反馈，常以手掌粘在脸上为止）。

第二是身体扫描法（Body Scan）。该引导部分结合了渐进式放松方法，而且能在一定程度上聚焦注意力，因此也广被学习者认可。

● 以较为舒服的方式坐好，一般不靠在椅背上，也可以躺着。

● 想象有阳光从头顶照下来，感觉非常好。练习者需要自己去描述这种美好的感觉，越详细越好。

● 阳光逐渐下移，到达脸颊，脸颊放松了。练习者可以描述脸部肌肉放松的感觉，并且让肌肉记住这种感觉。

● 阳光继续下移，到达脖子、双肩等，体会温暖放松的感觉。让肌肉记住这种感觉。并随时可以回到这种感觉，如果练习者本人愿意的话。

● 按照此步骤全身扫描一遍。

● 可以听着专用的录音，也可以无须录音。部分练习者反映，听自己录的声音引导，感觉更好，效果更明显。

根据练习者的反馈，这里大概需要注意的问题是，如果扫描过程中睡着了怎么办（数量不少），以及出现负面情绪和负面念头怎么办？

先回答第一个问题。要根据自我催眠目标来灵活设定，如果自我催眠是睡着，那么何乐而不为；如果自我催眠是压力放松或者焦虑减轻等，那么，自我催眠者认为睡着也能放松，则顺其自然；如果自我催眠者因为睡着而产生更多负面情绪，那么需要探究背后的阻抗或情结，处理完了再来练习，也可以在这种状态下自我找寻病因（需要一定的心理学专业基础或咨询经验）。总的原则是，顺其自然，且具体问题具体分析。对于第二个问题出现负面情绪和负面念头怎么办，其实更容易解决。如果负面情绪和负面念头干扰到正常的扫描过程，那么需要暂时停下自我催眠并进行一定的干预处理，直到问题得以解决，如果负面情绪和负面念头并不干扰正常扫描过程，只是出现而已，这时不必太过在意，顺其自然即可。一般不采用压抑或者抵制的处理方式，因为这样一来，很容易带来更多的负面情绪和负面念头。这也是新南锡学派代表人物库艾的观点，意志总是屈服于想象或念头。

第三是综合引导一，脚本如下：

如前所述，让自己以一个舒服的姿态坐着或躺着，然后开始呼吸训练。

- 做一个很好的深呼吸，想象氧气进来的饱满感。在一呼一吸之间，身体随着树木或者潮汐的节奏呈现自己应有的节奏。感受它，沉浸于它。
- 呼气时，带来新鲜能量，吐气时，把压力、紧张和焦虑等都吐掉。身体也会因吐气而更加的放松和纯净，乃至被氧气充满，充满韧性。
- 随着呼吸的进行，可以暗示自己的意识或思想消失，而且消失得很自然，而律动始终在身体和心灵上跳跃摆动着。
- 可以自然浮现一个美丽的地方，也可以由多次练习自然来到某个地方（多次练习后，同一个地方往往会快速出现，进入状态的时间会缩短，乃至缩短至所谓的瞬间，但我们在描述这件事情的时候，需要较为详细较为缓慢地告知练习者）。
- 在这个干净温暖安全的地方，可能是一栋水湾深处的房子，也可能是某处不为人知的角落等，总体以舒适为判断标准。
- 以本书作者的体验为例，这个干净温暖安全的地方是一栋不为人知的房子，于是本书作者进入房子，继续采用下楼梯深化自我催眠。
- 让自己保持在这种状态下越久越好（更利于迅速回到该状态），并且进行一定的暗示：只要愿意，随时都可以回来，而且不为人知。干净而温暖，独立而坚强。
- 有时可以加入适当的触觉、味觉和嗅觉。这样会让体验更加深刻，也会让练习更加流畅，并且保持较为深刻的记忆。
- 有时舒服的温度也值得留恋。并且暗示自己，无论外界是怎样的温度，这里总能保持一种适宜生存的温度。
- 有时听觉也值得铭记。安静如昨，不受任何打扰（一般在开始自我催眠准备时，就可以找一个安静不受打扰的地方）。

●可以进行一定的催眠后暗示，并且绑定自己的某些良好习惯，这样一来就能把某些消极的内容引入无限循环的良性机制里，并被逐渐消除（可在第二阶段的自我催眠应用中练习尝试）。

●可以设定一定的唤醒程序，比如轻柔的音乐，逐渐变强的光线，或者其他任何让练习者感觉舒服的方式。舒缓是一个值得欢迎和尊重的节奏。

●醒来后，保持平静放松，并且随时吸收所有美妙能量，随时随地，乃至精神焕发。

第四是综合引导二，脚本如下：

●跟随自然呈现的某条小路往前走，也许走到大道，也许继续往小路前方走。不管往哪里走，始终朝着隐约的积极方向前进。

●也许会遇见某些人，与他们打招呼，也许会遇见某些小动物，与它们打招呼，也许还会遇见某些飞翔小象，与它们打招呼。

●一直往前走，内心的某些东西会多频次地出现。就是它了。

（以本书作者为例）

●连绵的群山，风微微吹着，这是我曾经支教过的地方，这是大西北的大山深处。我一开始从山脚下出发，往上走，每当我往上走的时候，我会越发感觉轻松，那些烦恼忧愁全部被抛之脑后。虽然我不知道往上走是什么，但我知道，我必须勇敢地走向群山。

●当我往上走的时候，风景在不断变换，而我也会时常回头来看，对面也是连绵起伏的群山。这让我有一种豪迈的感觉。我喜欢这种感觉，那就让它继续。我也继续往山上走。

●半山腰有一处方形之地，材质是水泥的，埋入山土中，能看到地面上的形状，但它的中间是空的，垂直通往大山深处，我站在它的边上，没有任何不适，也不惧怕，但我并不跳进去，我不知道自己为什么要跳进去，我只是站在那个地方，习惯性地左顾右盼。左边右边都是群山，右边群山中有一条弯弯曲曲的小路通往山顶，我曾走过，但自从登上以后，我就很少再去走它了。

●在方形之地站了一会儿（事实上包括前后左右的整个过程都

很短暂，但本书作者需要把这种经验描述出来，以示练习者），我又继续往上走了。我没有感到疲倦，也没有感觉任何不适，我知道我应当勇敢地向上走。

● 再往上是第一座小山峰，最矮的小山峰，但它实际上已经足够高了。它也可以理解为整座山脉的山腰。我也会习惯性地在这里站一会儿，回望群山。这时能看到对面山上还有白雪皑皑，闪耀着银色的光芒。我知道我往上走，也能遇见闪耀的光芒。这种感觉让我很兴奋。

● 从第一座小山峰往前走，是大西北典型的高山小平原，一片绿色，小草迎着风左右微摇。我知道我曾在那里奔跑过，拍照过，所以我也不再往那去了。继续沿着左边的山脉往上爬。远远望去，第二座小山峰就在不远的地方。这里也能看见第三座高山，也就是最高的那一座。顶峰上面有一棵树，看起来并不高大，但我知道，它实际上是很高大巍峨的。

● 我有时也会在山脚下自己的小屋旁遥望最高峰的这棵树，它是一棵自然的树，本来就生长在那里，没有人知道它为什么这样，但每次我离开小屋准备从左边往右边爬山的时候，我知道我总会与它相会。喏，抬头一看，它就在遥远的山顶。哈，我知道我总会在傍晚 6 点准时出发，7 点 30 左右能到它那里。顺便在那里观赏一下大西北雄伟的山脉。我喜欢这种感觉。

● 有时会下雪，山路不好走。但我储存了足够的煤炭，都堆积在床底下，每当炉火暗淡的时候，我就会从床底下挑几块幸运的像样的大小正合适的煤块扔进火炉里，然后盖上铁板。没一会儿就能看见窗外飘散其白色的烟雾，飘向远方的山尖，飘向那棵树。

● 我把思绪里的思绪拉回来，继续往上走。你也知道，思绪里的思绪顺其自然，不必干预，记忆里的记忆也顺其自然。

● 往上走，走过另外一个小高峰，走到那棵树。我站在树下，遥望着山脚下我的小屋。我的小屋此刻看起来很小，在夜晚来临的时候，只要一开灯，它就会更加昏暗。但我喜欢那里，喜欢那里的炉火，喜欢夜里的静谧，也喜欢那里的月光和小白杨。

● 我有时会在这里站一小会儿发呆，有时很快就搭乘通往山下的垂直电梯走了。我可以告诉你的是，这句话之前的文字都是真实的，是客观世界才有的，而这句话开始，它自然而然进入一个虚拟的世界。我不知道为什么这样，但我要告诉你的是，我写的东西也是真实的，只不过这些东西在大西北并不会出现而已。比如这垂直通往山谷的电梯。但它出现了。只要它出现，我就会接纳它。我告诉你们，任何出自我内心的，我都会观察它，与它交流。所以，我很轻松地从这里走进了电梯。

• 电梯一开始慢慢地往下降，以至于我能观察到悬崖峭壁上的苔藓。一簇一簇的苔藓边上还有水珠。我的感觉很自然，没有什么不妥的，何况这里似乎在隐隐约约地召唤我。我应该往下去的。

• 后来垂直电梯变得很快，但我在电梯里面几乎没有感觉，我能感受到山脉的险峻，也能感受到大地的胸怀。我知道我会稳稳地落地。这一点完全不用担心。

• 落地的地方，电梯门打开了，我直接看见一个古老的山洞。好了，就是这儿了，我知道那里有什么在等待我。而那里正是我所欢喜的。

• 我很平静地走了进去……

上述综合引导二的脚本是本书作者经常使用的自我催眠方法。对本书作者而言，由于经常练习经常使用，效果甚好。虽然不能提供给学习者直接的经验，但是人类的自我催眠逻辑和程序是一致的。

也许有学习者或研究者会问，这不是积极想象吗？按照荣格关于积极想象的论述，它是这样铺开的："在积极想象中，意象有自己独立的生命，象征性事件发展有其自身的逻辑……积极想象开始于注意力集中……当我们全神贯注于头脑中的一幅图景时，它便会开始动起来，意象会变得更丰富，还会变化发展下去……如果我们……小心地不去干涉事件的自然进程，无意识就会产生出一系列意象，完成一个完整的思维过程。"① 事实上，两者极其相似，按照研究者 James A. Hall 评论荣格积极想象的论断是"荣格关于梦的理解和

① 荣格. 分析心理学的理论与实践［M］. 成穷，王作虹译. 北京：生活·读书·新知三联书店，1991.

积极想象几乎就是催眠技术，只不过未采用催眠语言罢了”[1]。再[illegible]
深受自己的老乡、炼金术师帕拉塞尔苏斯（Paracelsus）朴素想象的[illegible]格
及他曾有过的催眠学习与练习、展示与验证等，学习者不难把荣格与[illegible]
自我催眠联系在一起，何况，积极幻想在很大程度上也可视为催眠特征之[illegible]

12.2.2 自我催眠应用

上述的自我催眠引导主要为本小节的自我催眠应用铺垫。实践应用才是自我催眠的最终落脚点。

关于自我催眠应用的例子有很多，这里以催眠名家艾尔曼所观察到的某个小女孩的自我催眠为例。[2]

> 这是我见过最好的自我催眠个案，而且来自一位3岁的小女孩。
>
> 一天晚上，一位医生带着他的3岁女儿来我的课堂上课，这个小女孩似乎一直在被她每次情绪失常时出现的皮疹而困扰。父亲很自豪地告诉我，他教自己的女儿如何自我暗示以控制皮疹痒。我不相信这个年龄阶段的孩子有足够的智力来正确地使用自我暗示。
>
> 医生对他女儿说：“当你得了皮疹，想要止痒的时候，告诉艾尔曼先生你是怎么玩这个游戏的。”
>
> 小女孩说：“首先，我得有痒的感觉，感觉好像我要抓痒。”
>
> 她的父亲说：“好吧，去相信你很痒，想抓痒。你会怎么办?”
>
> 她说：“嗯，现在我想我很痒，我想抓痒，所以我就像这样闭上眼睛。”
>
> 她闭上眼睛继续说，“但是我必须确保我不能打开它们，所以我玩了假装的游戏，现在我在做的时候，我相信我不能打开它们，我试着打开它们，就像这样。”她努力地睁开眼睛，但没有成功。
>
> 她接着说：“现在我知道我不能睁开眼睛了，所以我对自己说，我不会再痒了，我不想抓痒。然后我等了一会儿，当我停止玩游戏的时候，我睁开眼睛，就像这样”——她睁开了眼睛——“现在我

---

[1] David Hartman and Diane Zimberoff. Jung and Hypnotherapy[J]. Journal of Heart-Centered Therapies, 2013, 16(1): pp. 3-52.

[2] Dave Elman. Hypnotherapy[M]. Westwood Publishing CO, 1997.

也不想挠。”

不过她的父亲，她是否一直记得在皮疹出现时这样做。

他告诉我，有时皮疹出现时，她会忘记并开始抓痒，于是他或她的母亲会提醒她玩这个游戏。然后她就会立即进行自我暗示，这样就不会再抓挠了，皮疹也就消失了。

艾尔曼以这个真实个案告诉读者，3岁小孩都可以自我催眠，何况成年人。

除了痒，疼痛的减缓甚至消失，也是可以利用自我催眠来处理的。以下所列的具体催眠镇痛技术，主要来自于本书作者的真实体验，它与本书第4章的催眠解离手法类似，但又不太一样，学习者不妨自辨：

- 一般而言，放松训练在最初的时候，对疼痛的抑制是有一定的效用，但非长久之计。也就是说，当疼痛持续存在的时候，放松未必长期有效。
- 对此，可采用聚焦和转移的方法。
- 首先是聚焦。以牙疼为例，聚焦疼痛部位，开始描述疼痛感，并且赋予意象化，比如这种疼痛像蜘蛛网，每一个方格都有自己的颜色，每种颜色都有自己的厚度，不论从哪个角度看过去，整个蜘蛛网都很漂亮（要像接纳自己的身体一样接纳自己的疼痛）。
- 其次是转移。想象五颜六色的方格里都储存一些氧气，练习者要做的事情就是自然地把方格中的氧气吸进来，并且吐出二氧化碳。二氧化碳就是牙齿疼痛感。而且随着每一次的呼吸，蜘蛛网的颜色会变淡，疼痛感也会下降。
- 有时，也有必要将疼痛感召唤回来。因为，自我催眠的目的是为了更好地掌控自己的身心，而不仅仅是单向的疼痛消除。
- 让疼痛恢复也是一种疼痛。
- 多次练习这种方式，就能达成自我催眠减缓甚至移除包括牙痛在内的多种疼痛感。

学习者需要记住的是，还有一件很重要的事情，便是与牙医确认是否有必要一直通过自我催眠解决牙痛。即便自我催眠能够缓解疼痛，甚至移除疼痛，但这样下去是否有意义？倘若因为自我催眠镇痛而带来牙齿的溃烂或者引发更大的牙龈等问题，是否还有必要继续自我催眠？答案显然是否定的。所以，我们必须在确保生理层面不会继续恶化的前提下去开展自我催眠，换句话，生理问题交给医生，心理引发的身心问题交给自己。

这才是真正的自我催眠。

12.3 自我催眠手法评论

自我催眠是目前众多研究者公认的催眠的核心，或称本质，虽然它还可以进一步细化。无论如何，自我催眠的练习和应用对于个体的身心健康发展都有极大的帮助。但有几个要点仍需要与学习者分享及探讨。

第一，自我催眠与他人催眠不太一样。在经验丰富的催眠师的指导下，个体很有可能体验较好的自我催眠状态，但若没有催眠师指导，个体在自我催眠程序、频率和方向等方面出现差错，则有可能引发诸多副作用，这种副作用对个体人格的破坏甚至有可能超过他人催眠所引发的破坏。

第二，自我催眠与领悟有关。一般情况，我们认为催眠是由催眠者引导被催眠者，促使被催眠者进入催眠状态进而实现各种催眠目标，但自我催眠与他人催眠不太一样，它既要求体验者是一个催眠者，同时也要求体验者是一个被催眠者，也就是说，在自我催眠过程中，必须保持部分意识处于清醒状态，而大部分意识发生状态改变。清醒的这部分意识用来观察和引导，因为这部分意识不会随着自我催眠而“入睡”，而大部分意识发生状态改变则用来实现催眠效果。因此，这对体验者本身而言，是一个挑战，需要一定的领悟能力。

第三，自我催眠与角色扮演有关。按照萨宾（Theodore Sarbin）的观点，催眠是一种角色扮演，只要深入角色之中，便能体会并理解那些匪夷所思的奇怪动作或者神奇效果。这是一种全新的观点，和本书罗列的多种催眠手法不太一样。因为其他手法大都强调催眠属于意识状态改变的结果，即非常态。但学习者如果深入研究将发现，催眠之角色扮演也可以视为意识状态的改变，虽然萨宾和他的同事科（William Coe）未必同意。但我们所观察到的现实情况却是，某个体验者沉浸于角色扮演时，他的激情状态或抑郁状态，也是与正常状态不太一致的，表现为脑皮过度激活或者部分出现幻觉等，而这不正是恍惚状态催眠理论所强调的吗。可见，尽管赋名不同，但本质是一致的。

另外，如果从技术角度而言，如何让对方深入角色扮演呢？对此，本书作者的观点是创设情境、激活心境即可实现。本书将在下一章，也是最后一章提出看法。

第四，自我催眠与期待及动机有关。除了萨宾外，催眠之社会认知学派的其他领军人物也持有催眠并非意识状态改变之结果，即过程论观点，换句话，期待或动机等要素与催眠发生及效果息息相关。与满怀期待或者高动机卷入的个体相比较，没有期待或者低动机卷入的个体是较难被催眠的。那么，为什么期待或动机这种生活中极其常见的心理内容也能引发较少见的催眠状态呢？Spanos 等人通过实验证明了当期待和动机被激发的时候，所能达到的效果与传统的恍惚催眠效果类似。事实上，我们只要通过对现实生活的观察便大致可知，日夜守望爱人归来的人，往往有可能出现幻觉，乃是因为这种热烈的期待或高动机促使他注意力高度集中（等候爱人），呈现前面所言的单一观念状态，而这种状态正是历史上广受关注的催眠状态，与此同时，个体往往还会因为爱人未归而出现强烈的受挫或抑郁状态，这种状态也需要启动常见的心理补偿机制以达平衡。而失衡的情况我们也不少见，某人因失恋而精神分裂（排除先天遗传因素），便是这种情况的极端。

第五，自我催眠与勇气有关。前面讲述了自我催眠与期待及动机有关，那么，勇气为何能够激发自我催眠呢？本书作者认为，如果把正常情况下某人因缺乏勇气上台发表演讲视为状态 A，那么当他鼓起足够的勇气上台发表演讲是否就意味着他的意识状态变成了 B？未必，除非他还能专心致志地演讲。因为，按照催眠状态论的判断标准，B 之所以与 A 有区别，那是因为 B 能够在演讲的时候完全投入演讲内容中，而并不出现 A 常见的多种观念或者矛盾观念。也正是因为 A 状态的多种观念或矛盾观念，才促使个体始终没有“足够”的勇气上台，因为多种观念或矛盾观念导致了部分心理能量的相互抵消，或者内耗了部分心理能量。当然，这只是一种模糊的宏观角度的思考，并非一种基于实证的实验研究。但这也恰是本书作者所要表达的观点：放在实验语境中的自我催眠状态未必与现实生活语境中的自我催眠状态一样。我们不妨称前者为实验催眠状态，称后者为生活催眠状态。

第六，自我催眠与生活息息相关。自我催眠并非属于某些专业研究者的专利，也并非属于某个学科的专利，而是属于一种常见的生活状态，虽然个体深处其中，但未必能够自觉，或者未必能够系统化认识它。尽管这个话题看起来过于广泛，但我们认为，如果从宏观角度来看，并非如此，因为如果将催眠视为一种持续性的同时具有深度性的影响来看，生活就是一种慢性而强有力的催眠。人们深处其中，自然不可避免地深受影响，比如在崇尚鬼神文化中成长的个体与在崇尚无神论氛围中成长的个体相比较，对待鬼神态度自然不一样，对未知事物的归因自然也不一样，乃至对自身产生幻觉的理解自然也不一样。如果再具体一点，可以大致把生活视为与文化模式相适应的以认知模式和行为模式为主的结合体。而催眠正是这些模式的自然体现，有时也表现为这些模式的必然打破。

第七，自我催眠并非仅限于这种功能：抑制意识、激活潜意识，或者抑制左脑、激活右脑等。

第八，自我催眠与自我激活有关。这一话题将在下一章也是最后一章探讨。

12.4 本章小结

自我催眠在解释催眠发生机制及效果等方面具有无与伦比的优势，它也因此被认为是催眠的本质。

那么，是否还有可能对自我催眠进行深化或细化，或者换一种更为贴切的、更有操作指向的表达呢？

本书作者认为，建构催眠可以细化或者替代自我催眠。

请阅本书最后一章：建构催眠手法。

13 建构催眠手法

习近平指出，传承和弘扬中华优秀传统文化，要重点做好创造性转化和创新性发展，使之与现实文化相融相通，要认真汲取其中的思想精华和道德精髓。本章在习近平新时代中国特色社会主义思想指导下，尝试一定程度上的理论创新。

所谓建构，原意指代建筑构造，后因其形象化特征被诸多研究者拿来表达系统化的某种范式或创造等。在学习领域，建构本身被建构成了建构主义，强调学习是一种基于个体原有经验或知识的同化顺应过程，在这一过程中，学习者能够依据各种场景主动性地、创新性地学习成长，即学习者能力素质的提升并不在于教师的灌输或学习者本人的死记硬背，而是学习者对学习内容的建构，最为简单的例子是，在老师的指导下或在老师所营造的学习氛围中，学生结合已有的知识经验、心理结构、认知图式和情绪情感等要素，在与外界诸多对象的互动中，构建（习得）自己新的知识经验等。

如果把建构主义迁移到催眠研究领域，那么，建构催眠是一种以催眠对象为中心、以恍惚为特色、以建构为过程的深度沟通。催眠对象首先是被催眠者，有时也涉及催眠者等。建构催眠可作名词亦可作为动词使用。

13.1 催眠发生影响要素

13. 1. 1 激活

在本书的前 12 章里，我们阐述了十几种催眠手法，但如果学习者对它们进行深入分析的话将会发现，这么多种的催眠手法在促进催眠发生及其效果方面都具有激活特征。对此，也可以反过来思考，没有被激活的被催眠者对催眠者的话语引导感受是比较浅的，有时还会出现一定程度的阻抗或者较大程度的忽略。世界首席权威催眠治疗师艾瑞克森就曾指出，“对患者使用了大量可以唤起他们内心某些自然联结反应的句子……他们内心的这些反应便是催眠暗示的本质”①，“激活和利用心理机制的这个过程，实际上是催眠治疗过程的精髓”②。

这一观点基本为广大催眠研究者所认同。

比如凝视手法，被激活的个体能较好遵照催眠师的引导，从而出现明显的催眠反应，但没有被激活的则较难。对此，艾尔曼就曾亲自尝试，结果盯着发光点很长一段时间也没有进入催眠状态，因为他是带着怀疑、批判的眼光去体验这件事情的。比如睡眠和暗示，伯恩海姆就不太愿意在医院以外的地方去催眠患者，因为那样效果并不明显。同样的逻辑适用于解离和意念运动。实验催眠代表人物赫尔和希尔加德在实验室里进行过大量的催眠实验表明，只有那些被激活明显的个体才能表现出较好的催眠症状，而那些在斯坦福催眠量表中表现出较低分数的个体，解离和意念运动都不明显。同样，暗示手法也是如此，因为暗示本质上可被视为一种意念运动。再比如，对于混乱和隐喻，学习者也将发现没有被激活的混乱技术几乎无效，同样，没有被激活的隐喻基本也不太可能被来访者领悟，除非催眠者实施隐喻催眠后，再继续给予明喻（这就已经脱离隐喻范畴）。类似的，清醒催眠也建立在激活基础上。擅长清醒催眠的艾尔曼就直接指出这一关键要点：被抑制的批判性思维就是一种较好的激活。最后，其他催眠手法概莫能外。

13.1.2 语境

语境对于催眠的发生具有重要作用。

伯恩海姆就曾说过“催眠并不存在，存在的只有语境营造及被试对语境的回应”③。萨宾也有相似观点，“只要了解被催眠者所相信的情节以及相关语境因素，那些看似反常的行为就十分合理了”④。70 年后，著名催眠专家

---

① ［美］Milton H. Erickson，Eenest L. Rossi 著．体验催眠：催眠在心理治疗中的应用［M］．于收译．北京：中国轻工业出版社，2017.

② ［美］Milton H. Erickson，Eenest L. Rossi 著．体验催眠：催眠在心理治疗中的应用［M］．于收译．北京：中国轻工业出版社，2017.

③ Bernheim，H. De la suggestión[About Suggestion][M]. Paris:AIbin Michel，1916.

④ William C. Coe，Theodore R. Sarbin. Hypnosis from The Standpoint of A Contexualist [J]. Annals of New York Academy of Sciences，1977，296(10)：pp. 2-13.

Peter Sheenhan 也有类似观点，“语境变量以及被试的认知策略和反应与被试接受催眠的能力发生相互作用，从而产生催眠行为或体验”①。

可见，催眠离不开语境。

还有一种情况值得学习者关注。按照传统方法，催眠感受性得分较低的被催眠者一般难能较好体验催眠状态，而只有那些得分较高的被催眠者才能较好体验催眠状态。但是，我们看到的场景却未必一致：那些得分较低的被催眠者在其他语境下却能体验较好的催眠状态，而那些分数看似很高的被催眠者有时的表现却与低催眠感受性个体一样。这说明两种可能，一种可能是量表并不精准，不能完全反映个体的催眠感受性，另外一种可能是量表在很大程度上是可以反映正常人的分值，但正常人的催眠感受性是流动的，而非固定的。而当同样具有变动性的语境与流动的催眠感受性契合的时候，被催眠者表现最好，体验也最好。

13.1.3 心境

本书作者在长期的催眠观察中，发现这样一个事实，语境必须匹配心境方能产生较好效果。如果语境不能较好共振心境，那么，即便催眠者的催眠技术水平高超，也很难将被催眠者导入较合适的催眠状态。或者，换一种思考方式，不断地调整催眠策略去影响被催眠者，目的也在于激活被催眠者的心境，而一旦被催眠者的心境被激活以后，即便语境并不理想，被催眠者也能大概率表现出较好的催眠反应。这也是我们经常看到的场景：在人群喧闹的公共场合，被催眠者也能进入较好的催眠状态。包括艾瑞克森等在内的催眠专家皆能在多种场合将被催眠者导入催眠状态，而并不仅限于安静的咨询室内。更为明显的是，舞台催眠带来强有力的证明，那些原本在实验室里表现“不好”的被催眠者能在催眠师多种催眠策略的引导下，“较好地”进入较为深度的催眠状态，尽管被催眠者处于一个嘈杂的环境，也是一个受人关注的舞台。

用一个隐喻来表达催眠领域里的心境分类：它与认知领域里的“场独立

---

① Corydon Hammond. Defining Hypnosis：An Integrative，Multi－Factor Conceptualization［J］. American Journal of Clinical Hypnosis，2015，57，p. 441. 析自 Sheehan，P. W. An individual differences account of hypnosis［M］. In P. L. N. Naish（Ed.），What ishypnosis？Current theories and research. Philadelphia，PA：Open University Press，1986：pp. 145－161.

型”与“场依存型”的分类相似。

13.1.4 具身

催眠从诞生之日起，就属于具身催眠。无论早期的巫术催眠还是后来的科学催眠，利用语言产生生理症状和通过生理改变心理等逻辑都充分表达了催眠的具身性。比如布雷德的凝视催眠，也常被称为“神经性催眠”：既强调心理参与，也强调生理参与。美国心理学之父威廉·詹姆斯（William James）将暗示视为观念运动（ideomotor），显然也是具身观点，对此，赫尔表示：“詹姆斯用观念运动来解释意志，并将观念运动作为一种基本原则。我看起来差不多也是在同一个点上出发的”①。艾瑞克森也表示“催眠主要是一种可以增加对所有意念的反应性的状态”②，同一时期班德勒和格林德在观察学习多位心理学家特别是艾瑞克森的催眠治疗技术后提出的神经语言程序学（NLP，Neuro-Linguistic Programming）便十分重视身心的交互作用。其后，罗西致力于具身催眠研究，发现“催眠影响神经再生”③，并且“第一次在催眠领域提出身体、心理与环境间的关系，同时这一观点也与当代具身认知的镜像神经元理念不谋而合，这为催眠未来的发展提供了无限可能”④。近年来的脑成像研究，更进一步表明催眠的具身性，包括 Stuart 等“用 fMRI 扫描发现，催眠暗示引起的疼痛体验和经典疼痛体验所激活的丘脑、前扣带回皮层、前额叶和顶叶等有密切的联系”⑤，Derbyshire 发现，“催眠暗示产生的疼痛与真实的

---

① Rodney G. Triplet. The Relationship of Clark L. Hull's Hypnosis Research to His Later Learning Theory: The Continuity of His Life's Work [J]. Journal of the History of the Behavioral Sciences, 1982, 18: pp. 22-31.

② ［美］Milton H. Erickson, Ernest L. Rossi 著. 体验催眠：催眠在心理治疗中的应用［M］. 于收译. 北京：中国轻工业出版社，2015.

③ Rossi, E., Iannotti, S., Cozzolino, M., Castiglione, S., Cicatelli, A. &Rossi, K. A pilot study of positive expectations and focused attention via a new protocol for therapeutic hypnosis assessed with DNA microarrays: the creative psychosocial genomic healing experience [J]. Sleep and Hypnosis: An International Journal of Sleep, Dream, and Hypnosis, 2008, 10(2): pp. 39-44.

④ 孙时进，苏虹. 从催眠的历史变迁和理论发展看催眠研究的未来［J］. 西南民族大学学报（人文社科版），2016，37（11）：219-225.

⑤ Stuart, W. G., Derbyshire, W. G., Whalley, V., Andrew, S., & David, A. O. Cerebral activation during hypnotically induced and imagined pain [M]. Neuroimage, 2004.

生理疼痛在脑皮激活是一致的，而且被催眠者对两种疼痛的主观报告没有差异"①。研究者似乎还有更进一步的期待："具身理念也可能成为结束 200 多年来催眠纷争的关键催化剂。"②

13.2 建构催眠理念

13.2.1 整合

本书作者认为，催眠整合观点一直散布于各个历史阶段催眠研究者的理论与实践中，只不过未被系统梳理而已。比如，布雷德既强调凝视疲劳也强调催眠暗示，李厄保既强调暗示睡眠也强调磁力影响，伯恩海姆既强调睡眠增强也强调自我暗示，而艾瑞克森在临床治疗中几乎无所不用各种催眠手法，还创新性地运用隐喻和混乱等催眠手法。近年来，众多研究者也开始进行理论层面和技术层面的整合，甚至也尝试在催眠称呼上提出新概念，虽然此前从未有研究者成功过。

整合是建构催眠的必然之路。它包括多种内容的整合。

第一，是东西方的理论整合。虽然科学催眠诞生于英国，但中国自古以来就有丰富的催眠思想与催眠实践。对它们的重新认识和重新解读有助于更宏观的催眠认知，乃至，有可能因此而更加接近催眠本质。世界催眠发展本来就离不开中国贡献和中国智慧，特别是在强调高度凝练的催眠认知与催眠发生本身似乎具有某种程度的贴合这一方面上，因为催眠不仅具有自然科学属性，同时，具有社会科学属性，这一点在实践中已经得到充分的验证。另外，在走过验证自身是否科学的历史阶段后，催眠需要的是更加深刻和更加广泛的应用。因此，东西方理论整合势在必行。

第二，是意识和潜意识层面的整合。艾瑞克森有一种独特的治疗方式值得推崇，虽然难度较大：当他感觉无法较好引导来访者的时候，他就会让自己同样进入催眠状态，并在这种状态下倾听内心声音，从而开展新的治疗引导。效果似乎不错。

---

① Derbyshire, W. S. Hypnosis and the analgesic effect of suggestions[M]. Pain, 2008.

② 孙时进，苏虹．从催眠的历史变迁和理论发展看催眠研究的未来［J］．西南民族大学学报（人文社科版），2016，37（11）：219-225.

整合意识和潜意识层面的内容时，并不仅限于来访者自身——来访者身上拥有的多种资源是自身愈合和潜能激发的宝藏，对此包括精神分析在内的各种心理疗法均十分重视，也在实践中无限放大这个宝藏——还涉及催眠师本人。既然催眠是一种建构过程，那么催眠师该以怎样的方式建构自己内心的“图景”，并把自己建构出来的“图景”传达给来访者，让来访者积极主动地建构一个回应催眠师的“图景”，这是一个值得深思的过程。为什么是这个“图景”而不是那个“图景”，为什么催眠师如此关注这个焦点而非其他焦点，以及催眠师还有哪些潜意识资源可以利用，等等。这些深层次的内容和发生方式同样值得催眠师重视。

第三，是个体与文化的整合。生活在特定文化背景下的个体必然受到该文化的熏陶，以至于言行举止均具文化象征意义。对此，需要关注个体与文化的融合程度以及如何利用文化营造语境等。

13.2.2 具身

如前所述，催眠的具身性不言而喻，那么作为一种理念，我们需要更加关注、更加凸显具身性的重要性，从而始终以之指导催眠理论与实践。另外，尽管催眠与具身不可分割，但具身表达似乎并不明显。因此，建构催眠应当在今后的理论探索和实践验证中，始终围绕积极具身开展。

13.2.3 动态

第一，动态是建构催眠的重要特征，它与传统的催眠流程有重要区别。传统流程催眠强调按照固定的套路进行，对高激活或高动机卷入的被催眠者而言，效果较好，但对低激活或低动机卷入的被催眠者而言，效果并不明显。另外，传统流程催眠具有一定的僵化性，无视被催眠者的反应，被催眠者只要遵照催眠师的引导即可，这就带给人们一个非常大的错觉，催眠能在一定程度上行使控制。正是基于这些弊端，建构催眠强调催眠互动属于一种动态过程，也是一种动态结果，它并不按照传统流程来走，而是根据双方随时有可能变化的催眠互动随时调整策略，也会根据被催眠者的具体情况调整策略。催眠治疗师、哲学家鲁斯唐也有类似观点，“‘异相觉醒’之催眠也延续和推进艾瑞克森学派的催眠实践观念，即不把催眠看作纯粹的静态，而是视作一种情景、过程或状态，从而对一种存在于世界的方式出现在生命中的方法，机能的形态投射出兴趣”①。

第二，建构催眠强调顺其自然而非任其自然。所谓顺其自然，乃顺着催眠互动发展的自然，顺着催眠目标前进的自然，也顺着来访者症状改善进而出现新情况的自然等。这种积极的自然与消极放任自然不一样。所谓消极的放任自然，主要是指来访者依据自我需求而不顾催眠或咨询要求自行显性或隐性地扩大症状。应当在意识层面和潜意识层面都尽量避免这种消极情况的发生。更进一步，顺其自然“强调催眠的艺术表达，关注催眠发生的顺时、顺境和顺势；关注反应强调催眠的合作共赢；关注良好催眠关系的发展，特别是被催眠者对催眠的反应。如果被催眠者反应不大，则需要催眠者调整催眠思路和催眠策略”②。

第三，建构催眠更加关注被催眠者的反应，这是建构催眠以来访者为中心的必然表达。催眠师应当时刻牢记，尽管催眠过程已经不再属于催眠师个人的权威控制，但是相对于来访者而言，催眠师依然具有更多的资源和信息，更大的专业优势，因此需要把重心放在被催眠者的反应上，这不仅体现催眠师应有的专业水平，也表现催眠师应具的职业道德，更反映建构催眠必要的人本主义关怀。

第四，建构催眠本身具有灵活性，包括过程灵活和策略灵活。对于前者，过程灵活是任何一项成熟的心理理论或技术所应具备的基本特征，同时催眠还表现在与其他疗法的结合上，“如果单用一般的安慰，疗效约70%，单用精神分析疗法，疗效约75%，单用认知行为疗法，有效率约为85%，但联用催眠疗法，则有效率显著提高，分别可达95%及99.5%”③④。对此，国内也有很多成功案例，包括“联合针灸可治疗冠心病”⑤、“联合认知行为可治疗饮

---

① ［法］弗朗索瓦·鲁斯唐（Francois Roustang）. 什么是催眠［M］. 赵济鸿、孙越译. 上海：华东师范大学出版社，2017.

② 张伟诗. 试论催眠在教学中的应用--以《大学生心理健康》课程为例［J］. 公安学刊（浙江警察学院学报），2017（05）：94-99.

③ Kirsch, I. Hypnosis in Psychotherapy: Efficacy and Mechanisms[J]. Contemporary Hypnosis, 1996, 13(2): pp. 109-114.

④ Walters, V. J, et al. Hypnotic Imagery as An Adjunct to Therapy for Irritable Bowel Synmdrome: An Experimental Report[J]. Contemporary Hypnosis, 2006, 23(3): pp. 141-149.

⑤ 李献，郑强荪，宋胜云，高军军，尼珍，袁秀兰，张录兴. 催眠针法治疗心绞痛的疗效及血浆 ET、NO 改变的研究［J］. 中国临床心理学杂志，2002，（01）：63-64、67.

水恐惧症"[①]、"联合音乐疗法则可降低分娩疼痛"[②]、"联合药物可治疗幻肢痛"[③]、"帕罗西汀联合催眠疗法可治疗强迫症"[④] 等。这种结合的趋势似乎越来越受欢迎。对于后者，催眠师可针对不同来访者的不同状况使用灵活多变的催眠技术，而这些并不拘泥于"双方坐下来按照结构流程一步一步引导"的传统催眠疗法。来看两个案例：

个案一：

京城郎中王子亨某日见一启事：医好舌头不缩之症可获白银千两。遂揭榜，前往病人家。病人是盐商，因朝廷改变盐政，惊讶得伸舌头却缩不回去。京城诸多名医医治无效。

王子亨却道："可笑京城之天，却没人能奈何小小舌头！"

遂取出《针灸甲乙经》，翻一遍后对商人说："你的病，书中早有记载，治之何难？我一针下去，包你立刻就好。"

盐商见有书为据，深信不疑。

当王子亨用针刺入盐商舌底后，大声说道："好，你舌头上的经络已经拨动，拔针后舌即缩回。"说完，即将针拔出。

盐商一惊，舌头顿缩。（许家和，2011）

个案二：

津门富贾金某染恙不适，请中医名家陈方舟诊治，收效不大，又请施今墨先生诊治。

施今墨见金某年老体胖，面色苍白，语声低微，其脉细缓无力，其舌淡而少苔，为气虚之症，当以君子汤治之。

这时，金某递上陈方舟先生的药方，上书"白术、茯苓人参、

---

① 孙家果，朱红梅. 催眠及认知疗法治疗饮水恐惧症一例报告［J］. 精神医学杂志，2008，（02）：115.

② 时兆芳，时风英，李丽敏，高丽，孙立军. 音乐联合催眠治疗用于产科镇痛的临床研究［J］. 河北医药，2015，37（08）：1266-1268.

③ 潘成英，王宏燕，张彤玲，于欣. 催眠联合药物治疗难治性幻肢痛的个案报告［J］. 中国心理卫生杂志，2017，31（02）：123-126.

④ 赵志欣. 帕罗西汀联合催眠疗法治疗强迫症［J］. 中国健康心理学杂志，2018，26（03）：328-330.

甘草”，正是四君子汤。施今墨说：“此方正切其恙，服之可愈。”金某连连摆手，道：“不行，已连服三剂，病体如故，还望先生高诊，另开处方吧！”

施今墨灵机一动，开出一方，嘱服20剂。

金某一看处方：“鬼益、杨抱、松腴、国老”四味，原方已改，心中甚喜。月之后，金某病体痊愈，差人携礼谢施先生。

施先生笑答：“应谢陈方舟先生，是他治好了你的病，我不过为陈先生又抄了一次方子罢了。”来人不解，施先生说“人参又名鬼益，白术又名杨抱，茯苓又名松腴，甘草又名国老，还是原方四君子汤，如此而已。”（《天津日报》，1987年10月19日）

另外，催眠师也可以基于来访者的优势通道给予对应性的催眠操作，比如对于视觉占优的来访者，催眠师可尝试想象催眠，对于听觉占优的来访者，催眠师可尝试闭眼引导，对于暗示感受较好的来访者，催眠师可使用直接、间接暗示或催眠后暗示等。最后，建构催眠可视为一种动态过程，也可视为一种动态结果，如同恍惚催眠既可以作为一种过程性技术，也可以作为一种目的性技术一样。

13.3.4 动力

与传统催眠相比较，建构催眠更多关注被催眠者的人格动力增长。当我们总览催眠发展史的时候，常常看到这样的景象：被催眠者在催眠师的引导下，症状改变得比较快，一旦离开催眠师，被催眠者往往又会快速恢复先前固着的症状。这其中，催眠师对被催眠者的人格动力关心的缺乏是主要原因。我们可以想象这样的场景，当被催眠者内在动力得到有效激发，而维持症状的原始动力和发生机制均被破坏时，被催眠者才真正意义上地成长起来。对此，我们不妨再看看鲁斯唐的总结：“催眠活动整合我们生命中所有要素，各归其位，分门别类，精心安排，使一切构成大千世界的万物众生都各就各位，换言之就是重建生活话语的语境，使话语能被我们理解。通过催眠引导进入异相醒觉的状态，经由异相醒觉，我们可以体验全面的醒觉。目前摆在我们面前的问题是如何扫清障碍，如何在日常生活中借助可支配的倾向来激活全面的醒觉状态。”①

13.3.5 创造

建构催眠不仅关注催眠本身的创造性，还关注催眠对象的创新创造力。我们知道，创新创造是正常人乃至优秀人群的优秀评价指标之一。对此，催眠师可以充分利用建构催眠的指导理念，将促使来访者产生症状的心理能量引向创新创造，这样不仅能解决被催眠者身心问题，还能同时激活被催眠者的潜能。而一旦这种心理机制被建立后，被催眠者还很有可能因为创新创造而获得更多的存在感和成就感。这两种真实的饱满的感觉可视为建构催眠的终极目标之一。创新创造指标也同时表达了建构催眠反对传统催眠的控制式和灌输式的理念。荣格对沃尔夫（Tony Wolff）的积极影响、艾瑞克森对汤普森（Kay Thompson）的积极鼓励都是建构催眠创新创造理念的完美案例。

13.3.6 整体

建构催眠注重催眠发生发展的整体性。建构催眠在不否认自然科学范式中所强调的催眠各因子对催眠本身的检验和贡献的前提下，更加注重整体性与混沌性。本书作者认为，包括建构催眠在内的所有积极的催眠手法，都有一个艺术性表达的特征，即：来访者症状的好转很多时候不需要细究催眠互动中哪些因子哪些内容起作用（似乎也不太可能仔细辨识），而更多时候可视为建构催眠的整体性与混沌性促使来访者整体发生积极改变。还有一点也值得重视，真相有时未必能够带来疗愈，而构建的积极图景或者积极幻觉却可以使被催眠者症状好转乃至人生幸福，如同看到黑暗中点起的一盏灯一样。无论黑暗是否真实，也无论灯火是否真实，让他看得见光才最重要。

13.3 建构催眠技术整体方案

对于建构催眠技术，本书作者大致从催眠发生的前中后三个阶段简要介绍。

在催眠发生前，建构催眠技术强调构建催眠语境，激活被催眠者心境，

---

① ［法］弗朗索瓦·鲁斯唐（Francois Roustang）. 什么是催眠［M］. 赵济鸿、孙越译. 上海：华东师范大学出版社，2017.

涉及认知、情感、行为等层面。比如，在认知层面，需要清晰传达给来访者专业催眠技能的重要性，在情感层面，需要获得被催眠者认同，而在行为层面，需要能够切实有效帮助来访者等。

在催眠过程中，建构催眠技术强调策略的使用从而为激发来访者的成长与创新创造动力，涉及本书前述的多种催眠技术，还涉及其他灵活的、具体问题具体分析的有效策略等。学习者需要记住的是，催眠后暗示不失为一种良好的策略。

在催眠结束后，建构催眠技术强调构建联系，加强来访者症状减轻与积极心理机制的联系，加强内生动力增强与某种长久事物或者机制的联系，比如艾瑞克森去世后，当年他与病患乔一起种植的两棵树依然有效地影响着并帮助着乔。

13.4 本章（书）小结

习近平指出，世界每时每刻都在发生变化，中国也每时每刻都在发生变化，我们必须在理论上跟上时代，不断认识规律，不断推进理论创新、实践创新、制度创新、文化创新以及其他各方面创新。本章便是在对百年来诸多催眠手法认识基础上，尝试提出的一种建构性催眠理论创新，同时，这种创新也是基于中华文明特别是中国古代诸多催眠事实和思想观察的创新。从这个角度而言，包括本章在内的催眠理念、催眠理论与催眠技术等的创新将是当下和未来最重要的研究内容。

参考文献

中文部分

[1] 阿城. 常识与通识：艺术与催眠 [M]. 作家出版社. 1999.

[2] [美] 奥蒙德·麦吉尔. 催眠术圣经 [M]. 严冬冬译，长春：吉林文史出版社，2010.

[3] 鲍芳洲. 催眠新法 [M]. 上海东方催眠学会，1920.

[4] [法] 伯恩海姆. 暗示治疗学：催眠术的实质及其应用 [M]. 邱宏译，天津人民出版社，2012.

[5] [美] 亨利·艾伦伯格. 让内与阿德勒 [M]. 刘絮恺、吴佳璇、邓惠文、廖定烈等译，世界图书出版公司，2015.

[6] [美] 杰·海利. 不同寻常的治疗 [M]. 蓟晓波、焦玉梅译，希望出版社，2011.

[7] [美] 杰弗瑞·萨德. 跟大师学催眠：米尔顿·艾瑞克森治疗实录 [M]. 朱春林、朱恩伶、陈建铭、秘鲁等译，化学工业出版社，2010.

[8] [美] 杰弗瑞·萨德. 艾瑞克森：天生的催眠大师 [M]. 陈厚恺译，化学工业出版社，2009.

[9] [美] Milton H. Erickson, Eenest L. Rossi. 体验催眠：催眠在心理治疗中的应用 [M]. 于收译，中国轻工业出版社，2017.

[10] 钱茂竹. 陶成章年谱简编（初稿）[J]. 绍兴师专学报（社会科学版），1982（02）：96-102.

[11] [美] 斯蒂芬·吉利根. 艾瑞克森催眠治疗理论 [M]. 谭洪岗、吴薇莉译，世界图书出版公司北京公司，2007.

[12] 童小珍. 催眠术手册---一种神奇的心理疗法 [M]. 黑龙江科学技术出版社，2007.

[13] 许家和. 从一宗"吹牛"治"鬼舌"案说起 [J]. 心血管病防治知识（科普版），2011（08）：57-58.

[14] [美] 雅普克（Yapko M. D.）. 临床催眠实用教程 [M]. 高隽译. 北京：中国轻工业出版社，2015.

[15] 殷融，苏得权，叶浩生. 具身认知视角下的概念隐喻理论 [J]. 心理科学进展，2013，21（02）：220-234.

[16] 余萍客. 电镜催眠法 [M]. 中国心灵研究会，1921：25-36.

[17] [美] 约翰·格瑞德、理查·班德勒. 出神入化 [M]. 内蒙古出版社，2003.

[18] 赵彦. 施今墨巧抄药方. [N]. 人民政协报，2015-06-17（05）.

[19] 郑洲. 催眠术的产生、发展历程及其应用综述 [J]. 解放军体育学院学报，1996，（Z1）：50-53.

[20] 中共中央宣传部编. 习近平新时代中国特色社会主义思想学习纲要 [M]. 北京：学习出版社、人民出版社，2019.

外文部分

[1] Araoz, D. TheNew Hypnosis[M]. Brunner/Mazel, 1985.

[2] Barber, T. X. Hypnosis: A scientific approach[M]. Princenton, Van Nostrand Reinhold, 1969.

[3] Braid, J. Neurypnology or the Rationale of Nervous Sleep Considered in Relation with Animal Magnetism: Illustrated by Numerous Cases of its Successful Application in the Relief and Cure of Disease[M]. 1843.

[4] Braid, J. Magic, Witchcraft, Animal Magnetism, Hypnotism, and Electro-biology: Being a Digest of the Latest Views of the Author on these Subjects[J]. Third Edition, Greatly Enlarged, Embracing Observations of J. C. Colquhoun's "History of Magic, Witchcraft, and Animal Magnetism", 1852, 5(19): pp. 292-322.

[5] Braid, J. Hypnotic therapeutics, illustrated by cases[J]. The Monthly Journal of Medical Science, 1853, 17: pp. 14 - 47.

[6] Braid, J. On hypnotism[M]. The National Council for Hypnotherapy, 1860, In J. Braid & D. J. Robertson (Eds.), The discovery of hypnosis: The complete writings of James Braid.

[7] J. Milne Bramwell. Hypnotism and treatment by suggestion[M]. Cassell

and Company, 1909.

[8] Capafons A. Rapid self-hypnosis: A suggestion method for self-control [J]. Psicothema, 1998, 10(3): pp. 571 - 581.

[9] Capafons A. Clinical applications of 'waking' hypnosis from a cognitive-behavioural perspective: from efficacy to efficiency [M]. Contemporary Hypnosis, 2004.

[10] Capafons, A., & Mendoza, M. E. The Valencia model of waking hypnosis and clinical applications[M]. Nova Science, In G. D. Koester & P. R. Delisle (Eds.), Hypnosis: Theories, research and applications, 2009: pp. 237 - 270.

[11] Cambria, E., & White, B. Jumping nlp curves: a review of natural language processing research [review article][J]. IEEE Computational Intelligence Magazine, 2014, 9(2): pp. 48-57.

[12] Charles Baudouin. Suugestion and Auto suggestion [M]. New York Doodd, Mead and company, 1921.

[13] Coe, William & Sarbin, Theodore. Role theory: Hypnosis from a dramaturgical and narrational perspective [M]. American Psychological Association, 1991, Handbook of clinical hypnosis, In J. W. Rhue, S. J. Lynn, & I. Kirsch (Eds.), pp. 303 - 323.

[14] Daniel Lloret, Rosa Montesinos & Antonio Capafons. Waking Self Hypnosis Efficacy in Cognitive-Behavioral Treatment for Pathological Gambling: An Effectiveness Clinical Assay[J]. International Journal of Clinical and Experimental Hypnosis, 2014, 62(1): pp. 50-69.

[15] Dave Elman. Hypnotherapy[M]. Westwood Publishing CO, 1977.

[16] Delprato, D. J. Observing covert behavior ("mind-reading") with chevreul's pendulum[J]. The Psychological record, 1977, 27(2): pp. 473-478.

[17] Fariba Hosseinzadegan, Moloud Radfar, Ali Reza Shafiee-Kandjani & Naser Sheikh. Efficacy of Self-Hypnosis in Pain Management in Female Patients with Multiple Sclerosis[J]. International Journal of Clinical and Experimental Hypnosis, 2017, 65(1): pp. 86-97.

[18] Forman B D. Neuro-Linguistic Programming in Couple Therapy[J]. Affective Behavior, 1986, (6): pp. 11.

[19] Gibbons, D. E. Hyperempiria: A new "altered state of consciousness" in-

duced by suggestion[J]. Perceptual and Motor Skills, 1974, 39(1): pp. 47 - 53.

[20] Howie, & D., D. Application of neuro-linguistic programming to addictive behaviours: part ii[J]. Journal of Substance Use, 1996, 1(2): pp. 74-79.

[21] Kirsch, I. Changing expectations. A key to effective psychotherapy[M]. Pacific Grove, CA: Brooks Cole Publishing Co, 1990.

[22] Kirsch, I. The social learning theory of hypnosis[M]. The Guildford Press, 1991, S. J. Lynn & J. W. Rhue (Eds.), Theories of hypnosis. Current models and perspectives, pp. 467 - 483.

[23] Kratochvi'l, S. Sleep hypnosis and waking hypnosis[J]. International Journal of Clinical and Experimental Hypnosis, 1970, 18(1): pp. 25 - 40.

[24] Langen, D. The method of graduated active hypnosis[J]. British Journal of Medical Hypnotism, 1965, 17(2): pp. 29 - 33.

[25] Liebert, R. M., Rubin, N., & Hilgard, E. R. The effects of alertness in hypnosis on paired-associate learning[J]. Journal of Personality, 1965, 33(4): pp. 605 - 612.

[26] Lindsay Bertram Yeates, James Braid. Surgeon, Gentleman Scientist, and Hypnotist, History and Philosophy of Science[J]. School of Humanities, Faculty of Arts & Social Sciences, University of New South Wales, Sydney Australia January, 2013: pp. 31-57, pp. 111-208, pp. 323-363.

[27] Maehle, A. H. The powers of suggestion: albert moll and the debate on hypnosis[J]. History of Psychiatry, 2014, 25(1): pp. 3-19.

[28] M. Elena Mendoza, Antonio Capafons. Valencia Model of Waking Hypnosis: Background, Research, and Clinical Applications[J]. American Journal of Clinical Hypnosis, 2018, 61(2): pp. 108-124.

[29] Mendoza, M. E., Capafons, A., & Jensen, M. P. Hypnosis attitudes: Treatment effects and associations with symptoms in individuals with cancer[J]. American Journal of Clinical Hypnosis, 2017, 60(1): pp. 50 - 67.

[30] Oetting, E. R. Hypnosis and concentration in study[J]. American Journal of Clinical Hypnosis, 1964, 7(2): pp. 148 - 151.

[31] Perry C. The Abbé Faria: A Neglected Figure in the History of Hypnosis [M]. Hypnosis at its Bicentennial. Springer US, 1978.

[32] Robazza, C., & Bortoli, L. Hypnosis in sport: An Isomorphic Model

[J]. Perceptual and Motor Skills, 1994, 79(2): pp. 963 - 973.

[33] Robertson, D. The practice of cognitive-behavioural hypnotherapy: A manual for evidence-based clinical hypnosis[M]. Karnac Books Ltd, 2013.

[34] Sachs, L. B., & Anderson, W. L. Modification of hypnotic susceptibility[J]. International Journal of Clinical and Experimental Hypnosis, 1967, 15(4): pp. 172 - 180.

[35] Sharma, S. Abbe De Faria-First to explain hypnotism[J]. Indian Journal of Psychiatry, 1974, 16, 307-311.

[36] Vingoe, F. J.. The development of a group alert-trance scale[J]. International Journal of Clinical and Experimental Hypnosis, 1968, 16(2): pp. 120 - 132.

[37] Vingoe, F. J.. Comparison of the Harvard group scale of hypnotic susceptibility, Form A and the group alert trance scale in a university population[J]. International Journal of Clinical and Experimental Hypnosis, 1973, 21(3): pp. 169 - 179.

[38] Wark, D. M. Traditional and alert hypnosis for education: A literature review[J]. American Journal of Clinical Hypnosis, 2011, 54(2): pp. 96 - 106.

[39] Wells, W. Experiments in waking hypnosis for instructional purposes [J]. Journal of Abnormal and Social Psychology, 1924, 18(4): pp. 389 - 404.

[40] Albert Moll. Hypnotism: Including a Study of the Chief Points of Psycho-Therapeutics and Occultism[M]. Transl. By Arthur F. Hopkirk. London: Walter Scott Publishing Co. 1909.

[41] Andreas-Holger Maehle. The powers of suggestion: Albert Moll and the debate on hypnosis[J]. History of Psychiatry, 2014, 25(1): pp. 3 - 19

[42] Anton Mesmer. Propositions Concerning Animal Magnetism[M]. 1779.

[43] Capafons A. Waking Hypnosis for Waking People: Why from Valencia? Contemporary Hypnosis, 2004, 21(3): pp. 136-145.

[44] Capafons A. Clinical applications of ‘waking’ hypnosis from a cognitive-behavioural perspective: from efficacy to efficiency [M]. Contemporary Hypnosis, 2004.

[45] Bogousslavsky J (ed): Hysteria: The Rise of an Enigma[J]. Front Neurol Neurosci. Basel, Karger, 2014, 35: pp. 56 - 64.

[46] Capafons A, Mendoza M E. "Waking" hypnosis in clinical practice [M]. Handbook of Clinical Hypnosis. 2010.

[47] Charles Baudouin. Translated from the French by Eden and Cedar Paul. Suggestion and Autosuggetion-A Psychological and Pedagogical Study Based upon the Investigations Made by the New Nancy School[M]. New York Dodd, Mead and Company, 1921.

[48] Daniel Lloret, Rosa Montesinos, Antonio Capafons. Waking Self Hypnosis Efficacy in Cognitive-Behavioral Treatment for Pathological Gambling: An Effectiveness Clinical Assay[J], International Journal of Clinical and Experimental Hypnosis, 2014, 62(1): pp. 50-69.

[49] Dave Elman, Hypnotherapy[M]. Westwood Publishing Co, 1977.

[50] De Pascalis V, Scacchia P. Hypnotizability and Placebo Analgesia in Waking and Hypnosis as Modulators of Auditory Startle Responses in Healthy Women: An ERP Study[J]. PLOS ONE, 2016, 11(8): pp. 1-27.

[51] Dennis J. Delprato. Pavlovian Conditioning of Chevreul's Movement[J]. American Journal of Clinical Hypnosis, 1977, 20(2): pp. 124-130.

[52] Dennis J. Delprato, Observing Covert Behavior ("Mind-Reading") with Chevreul's Pendulum[J]. The Psychological Record, 1977, 2: pp. 473-478.

[53] Lanska D J, Lanska J T . Franz Anton Mesmer and the Rise and Fall of Animal Magnetism: Dramatic Cures, Controversy, and Ultimately a Triumph for the Scientific Method[M]. Brain, Mind and Medicine: Essays in Eighteenth-Century Neuroscience. 2007.

[54] Ellenberger. H. The discovery of the unconscious: The history and evolution of dynamic psychiatry[M]. Basic Books, 1970.

[55] Eugene E. Levitt & John Paul Brady. Muscular endurance under hypnosis and in the motivated waking state[J]. International Journal of Clinical and Experimental Hypnosis, 1964, 12(1): pp. 21-27.

[56] Fariba Hosseinzadegan, Moloud Radfar, Ali Reza Shafiee-Kandjani & Naser Sheikh. Efficacy of Self-Hypnosis in Pain Management in Female Patients with Multiple Sclerosis[J]. International Journal of Clinical and Experimental Hypnosis, 2017, 65(1): pp. 86-97.

[57] Gary R. Elkins, R. Lynae Roberts & Lauren Simicich. Mindful SelfHypnosis for Self-Care: An Integrative Model and Illustrative Case Example[J]. American Journal of Clinical Hypnosis, 2018, 61(1): pp. 45-56.

[58] Gibbons, D. E. Hyperempiria: A new "altered state of consciousness" induced by suggestion[J]. Perceptual and Motor Skills, 1974, 39(1): pp.47 - 53.

[59] Gibbons, Don E. Applied Hypnosis and Hyperempiria[J]. American Journal of Psychiatry, 1979, 7: pp.878-879.

[60] Guy Montgomery & Irving Kirsch. The Effects of Subject Arm Position and Initial Experience on Chevreul Pendulum Responses[J]. American Journal of Clinical Hypnosis, 1996, 38(3): pp.185-190.

[61] Hart O V D, Horst R. The dissociation theory of Pierre Janet[J]. Journal of Traumatic Stress, 1989, 2(4): pp.397-412.

[62] Holly Forester-Miller. Self-Hypnosis Classes to Enhance the Quality of Life of Breast Cancer Patients[J]. American Journal of Clinical Hypnosis, 2017, 60(1): pp.18-32.

[63] Barber J. Erickson, Milton T. and Rossi, Ernest L. Experiencing Hypnosis: Therapeutic Approaches to Altered States[J]. American Journal of Clinical Hypnosis, 1985, 27(3): pp.185-188.

[64] James Braid, Arthur Edward Waite. Braid on hypnotism (Neurypnology or The Rationale of Nervous Sleep Considered in Relation to Animal Magnetism or Mesmerism and Illustrated by Numerous Cases of Its Successful Application in The Relief and Cure of Disease)[M]. George Redwell, 1899.

[65] Jean-Sylvain Bailly. Secret report on mesmerism or animal magnetism [J]. International Journal of Clinical and Experimental Hypnosis, 2002, 50(4): pp.364-368

[66] Jerome M. Schneck . William alanson white on hippolyte bernheim: A hietorid note [J]. International Journal of Clinical and Experimental Hypnosis, 1962, 10(2): pp.115-117.

[67] John F. Kihlstrom. Mesmer, the franklin commission, and hypnosis: A counterfactual essay[J]. International Journal of Clinical and Experimental Hypnosis, 2002, 50(4): pp.407-419.

[68] Laurent Carrer (Ed. and Trans.). Ambroise-Auguste Liébeault: The Hypnological Legacy of a Secular Saint[M]. College Station, Virtualbookworm. com Publishing, 2002.

[69] Laurent Carrer (Ed. and Trans.). Jose Custodio de Faria: Hypnotist,

Priest and Revolutionary[M]. Trafford Publishing, 2004.

[70] M. Elena Mendoza & Antonio Capafons. Valencia Model of Waking Hypnosis: Background, Research, and Clinical Applications[J]. American Journal of Clinical Hypnosis, 2018, 61(2): pp. 108-124.

[71] Melvin A. Gravitz Ph. D. The First Use of Self-Hypnosis: Mesmer Mesmerizes Mesmer[J]. American Journal of Clinical Hypnosis, 1996, 37(1): pp. 49-52.

[72] Michael D. Yapko Ph. D. An Interview with David Cheek. [J]. American Journal of Clinical Hypnosis, 1996, 39(1): pp. 2-17,

[73] Oetting, E. R. Hypnosis and concentration in study[J]. American Journal of Clinical Hypnosis, 1964, 7(2): pp. 148 - 151.

[74] Orne, M. T. The nature of hypnosis: Artefact and essence[J]. Journal of Abnormal and Social Psychology, 1959, 58(3): pp. 277 - 299.

[75] R. S. Kaushal. The Psychophysics of the Chevreul Hand-Held Pendulum [J]. Journal of Consciousness Studies, 2016, 23: pp. 134 - 152.

[76] Randolph D. Easton & Ronald E. Shor. An Experimental Analysis of the Chevreul Pendulum Illusion[J]. The Journal of General Psychology, 1976, 95(1): pp. 111-125.

[77] Robert A. Karlin. Austin Hill & Stanley Messer. Responding and Failing to Respond to Both Hypnosis and a Kinesthetic Illusion, Chevreul´s Pendulum[J]. Intl Journal of Clinical and Experimental Hypnosis, 2007, 56(1): pp. 83-98.

[78] Sally Johnson Rowley. Ernest R. Hilgard: An American Psychologist [M]. Doctorial Dissertation, UMI Company, 1998.

[79] Sheehan, P. W. & Perry, C. W. Methodologies of hypnosis: A critical appraisal of contemporary paradigms of Hypnosis[M]. Lawrence Erlbaum Associates, 1976.

[80] Stanislav Kratochvil. Sleep hypnosis and waking hypnosis[J], International Journal of Clinical and Experimental Hypnosis, 1970, 18(1): pp. 25-40.

[81] Wells, W. R.. Experiments in Waking Hypnosis for Instructional Purposes[J]. Journal of Abnormal Psychology & Social Psychology, 1924, 18(4): pp. 389-404.

致　　谢

感谢为本书提供帮助的各位领导、朋友和小伙伴们，特别是本书扉页照片中的小伙伴，以及10年来我的诸多学生们。

感谢中国人民公安大学出版社的支持，本人首部作品《催眠理论与实践》（傅小兰老师作序，2018）也由该社出版。

建构催眠手法尚有较大发展空间，请不吝赐教。

再会。

张伟诗

2020年7月，于杭州

后　记

恩格斯精通催眠手法、巴甫洛夫痴迷催眠实验、荣格尝试催眠人桥，这些似乎并不为大众所知，陌生还包括古老催眠源自星空、错误催眠治愈疾苦，矛盾催眠并行不悖……

事实上，催眠未必专属小众群体，相反，它无处不在、生生不息。

境由心生，催眠如梦。

张伟诗催眠实验室公众号，985534910@qq. com

催眠精品课，中国大学 MOOC（爱课程）